KB037586

착한 핵무기는 없다

핵무기와
국제정치
좀 아는 10대

사회
좀 아는
십 대
09

착한 핵무기는 없다

김준형 글 · 방상호 그림

핵무기와
국제정치
좀 아는 10대

풀빛

제2차 세계대전이 끝난 지 얼마 되지 않은 1949년, 제3차 세계대전 때는 어떤 무기로 싸울 것 같냐는 기자의 질문에 아인슈타인은 이렇게 대답했어.

> "제3차 세계대전 때 무엇을 가지고 싸울지는 잘 모르겠습니다. 하지만 제4차 세계대전은 막대기와 돌멩이로 싸우겠죠."●

무슨 의미인지 이해되니? 전쟁에서 살아남으려면 무엇보다 무기기 좋아야 하잖아. 그런네 현시섬에서 가장 성능이 좋은 무기는 단연 핵무기이니 제3차 세계대전에서는 너도나도 핵무기를 사용할 거야. 하지만 핵무기의 무시무시한 위력 때문에 지구에 사는 거의 모든 사람이 목숨을 잃을 것이고, 인류가 이룩한 문명은 모두 무너지겠지. 때문에 제3차 세계대전에서 살아남은 사람들이 일으키는 제4차 세계대전은 원시시

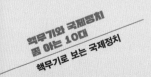

대 수준의 전쟁일 거고, 무기는 고작 막대기와 돌멩이 정도일 거라는 역설적인 답변이야. 답변은 간단하지만 내용은 끔찍했고 특히 노벨 물리학상을 받은 아인슈타인의 발언이었기에 파급력은 더욱 컸어. 전쟁의 비극을 이야기한 그의 풍자 섞인 답변은 우리에게 많은 고민을 안겨 주었지.

인류의 발명품 중에는 컴퓨터, 항공기, 인터넷 등 인류의 삶을 풍성하게 해 주는 것들이 많지만 반대로 위협하는 것들도 많아. 여러 가지가 있지만 현시점에서 인류에게 가장 위협이 될 만한 것을 꼽으라면 아마도 핵무기가 아닐까 싶어. 원자핵의 반응을 이용해 에너지를 만드는 원자력 발전 덕분에 우리의 삶은 많이 풍요로워졌지만, 똑같은 원자핵을 사용한 핵무기는 단추 한 방으로 지구 멸망도 가져올 수 있는 위력을 지닌 무서운 무기야.

전쟁의 사전적 의미는 '국가와 국가, 또는 교전(交戰) 단체 사이에 무력을 사용하여 싸움'[**]이라고 해. 총소리도 나고 폭탄도 떨어지는 불바다가 연상될 거야. 때문에 열전(Hot War)이

● 알베르트 아인슈타인이 〈Liberal Judaism〉 제16호에서 알프레드 베르너와의 인터뷰에서 한 말이야.
●● 국립국어원 참조

라고도 불러. 그런데 이렇게 직접적인 전투가 이루어지는 고전적인 의미의 전쟁 대신, 첩보전이나 군비 확충, 그리고 이념 대결 등으로 이루어지는 총성 없는 전쟁을 냉전(Cold War)이라고 해. 냉전은 제2차 세계대전이 끝난 뒤 초강대국으로 떠오른 미국과 현재 러시아의 전신인 소련(소비에트 연방) 사이에 처음으로 나타났어. 이때는 핵무기를 비롯한 전투기, 탱크 같은 무기의 급격한 성능 개선 같은 전통적인 군비 경쟁 외에도 스푸트니크와 아폴로 계획 같은 우주 경쟁이나 외교전도 이루어졌지.

1990년대에 들면서 소련이 붕괴하자 냉전이 종식됐으니 핵무기 경쟁도 줄어든다고 생각했지만, 소련의 뒤를 이어 등장한 중국과, 미국의 패권 경쟁 때문에 핵무기로 인한 위협이 감소는커녕 점점 더 증가하고 있어. 게다가 최근에는 기술이 발전하면서 예전보다 핵무기 개발이 쉬워지자 강대국이 아닌 나라도 안보를 지킨다는 명목하에 호시탐탐 핵무기를 만들 기회를 엿보고 있지.

핵무기는 왜, 또 어떻게 만들어졌을까? 인류는 왜 그렇게도 많은 핵무기를 만들었을까? 핵무기는 왜 강대국들만 보유할까? 이스라엘이나 인도, 파키스탄은 국제사회가 핵무기 보유를 인정하지는 않아도 용인은 하는데, 왜 이란이나 북한에 대

해 국제사회는 왜 인정도 용인도 하지 않는 걸까? 북한의 핵무기 개발을 통제하려는 국제사회의 노력은 얼마나 효과적일까? 우리나라는 왜 핵무기를 보유하지 않을까? 이렇게 우리는 많은 질문을 던질 수 있을 거야.

프로메테우스라고 알지? 제우스에게서 불을 훔쳐 인간에게 가져다준 죄로 코카서스 바위산에 묶인 채 날마다 독수리에게 간을 뜯어 먹히는 형벌을 받은 신화 속의 신 말이야. 하버드대학교 핵 연구소는 인간이 핵을 가짐으로써 프로메테우스처럼 영원히 고통받을 것이라고 경고했어. 그러나 그러한 경고에도 불구하고 핵무기를 가지면 아무도 자신을 함부로 대하지 않아서 안보가 보장되리라는 기대 때문에 국가마다 핵무기를 갖고 싶어 하지.

보통 핵에너지를 군사적으로 사용할 때는 핵무기라 하고 평화적으로 사용하면 원자력 발전이라고 해. 하지만 원자력 발전소조차 항상 사고의 위험을 안고 있어. 게다가 사고가 났을 때의 피해는 그 어떤 사고보다도 크지. 실제로 이중, 삼중의 안전 장치를 마련해 놓았음에도 사고는 심심찮게 일어나. 그 대표적인 예가 1986년의 체르노빌 원자력 발전소 폭발 사고와 2011년의 후쿠시마 원자력 발전소 폭발 사고이고, 우리는 아직도 그때의 후유증에서 벗어나지 못하고 있어.

그동안 인류는 유례를 찾아볼 수 없을 만큼 엄청난 번영과 발전을 이루었다고 하지만, 오늘날의 세계 역시 힘의 지배가 세속되고 있고, 이 사실은 해 문제를 통해 엿볼 수 있어. 또 국제기구나 제도가 얼마나 잘 협력하고 얼마나 효과가 있는지, 핵무기 확산을 어떻게 막고, 또 어떻게 풀어내느냐와 연결되어 있지.

나는 너희가 인류의 핵 문제와 국제정치를 이해하는 데 도움이 되었으면 하는 마음으로 이 책을 썼어. 어떻게 하면 더 쉽게 이해할 수 있을까 고민했고 국제정치의 축소판이라고 해도 과언이 아닐 만큼 각 나라의 복잡한 관계가 그대로 반영된 핵무기로 국제정치를 이야기하는 게 가장 좋은 방법이라고 생각했지. 조금 생소할지 모르지만, 핵무기에 대한 기본적인 지식을 습득하고 국제질서가 어떻게 형성되어 왔는지 등을 살펴보면 국제관계를 보는 너희들의 눈이 커질 거야.

그래서 나는 이 책에서 핵무기 자체에 대한 기술적이고 과학적인 면보다는 핵무기로 인한 국제정치적 측면과 핵무기를 둘러싼 세계 각국의 이해관계를 들여다보면서 핵무기의 위험성 위주로 이야기를 풀어 나갈 거야. 핵무기에도 등급이 있다든가, 대한민국도 핵무기를 가져야 한다든가, 착한 핵무기는 가능하다든가 하는 잘못된 주장들을 꼼꼼하게 비판하려 해.

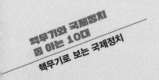

그 과정을 함께하면 너희도 핵 문제가 우리의 행복과 어떻게 연결되는지 확실히 알게 될 거야.

미국과 소련의 대립으로 설명되는 냉전부터 21세기에 접어들며 가속화된 미국과 중국의 갈등, 세계 각국의 무역 분쟁과 국경 다툼, 북한의 핵무기를 둘러싼 미국의 반응은 어떻게 살펴봐야 할까? 북한과의 갈등이 이어지는 시점에서 어느 한쪽의 편에서만 살펴보는 게 아닌, 객관적인 입장에서 넓게 바라보며 정확한 판단을 내리려면 어떻게 해야 할까? 그리고 우리의 역할은 무엇일까? 지금부터 그것을 하나하나 알아가 보도록 하자.

핵무기에 대해 알아보기 전에 두 가지를 먼저 알고 넘어가자. 하나는 앞서 말한 전쟁이고 다른 하나는 재래식 무기야. 나는 《전쟁하는 인간》에서 "전쟁은 인간이 이 땅에 살게 된 이후 가장 오래되고 반복되는 현상 중 하나"라고 말했어. 아인슈타인도 "인간이 존재하는 한 전쟁은 사라지지 않는다"라고 말했지. 기록에 따르면 기원전 3천 년부터 현재까지 5천 년 동안 약 1만 4500건의 전쟁이 있었어. 또 비율을 따져 보면 5천 년 중 92퍼센트인 4천 년 이상 전쟁이 이어졌는데, 이쯤 되면 인간의 몸에는 전쟁 유전자가 박혀 있는 것은 아닌가 하는 생각이 들 정도야. 그만큼 전쟁은 인간과 늘 함께해 왔다고 해도 과언이 아니지.

물론 모든 사람이 전쟁을 준비하며 살진 않아. 폭력과 전쟁을 멈추자고 호소하며 노력하는 반전단체나 운동가들이 있지. 그러나 그들의 많은 노력이 무색하게도 전쟁은 아직도 이어지고 종식되지 않았어. 나라마다 전쟁에서 승리하기 위해 무기를 개량하고 개선하는 데 몰두했고 상상할 수 없을 만큼 강력한 파괴력을 지닌 무기계의 끝판왕 핵무기를 개발하기에 이르렀지. 핵무기가 자신의 안전을 지키기 위한 절대무기라고 여기게 된 거야.

그럼 핵무기가 개발되기 전에 사용하던 무기는 무엇일까? 그건 바로 재래식 무기야. 핵무기와 핵무기 개발 전에 사용되던 무기들을 따로 분류해 구분해야 한다는 말이 나왔고 이전의 무기들을 재래식 무기라 부르기로 했어. 다른 말로 '비

핵무기'라고도 부르지. 재래식 무기에는 고대부터 사용된 칼, 창, 활을 비롯해 현대전에 사용되는 총, 대포, 탱크, 미사일, 전투기, 항공모함 같은 거의 모든 무기를 말한다고 보면 돼.

그럼 핵무기가 아니면 다 재래식 무기일까? 꼭 그렇지는 않아. 대표적으로 생물학무기와 화학무기가 있는데 이것들은 핵을 사용하지 않아서 핵무기는 아니야. 하지만 핵무기처럼 비교적 최근에 만들어졌고 핵무기처럼 한 번에 많은 사람을 죽일 수 있다는 점에서 재래식 무기도 아니지. 그래서 핵무기와 함께 이들을 '대량살상무기'라는 새로운 용어로 묶어 부르기도 해. 이렇게 보면 재래식 무기는 대량살상무기를 제외한 무기라고 볼 수 있지.

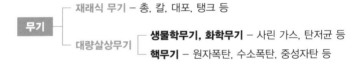

무기
├ 재래식 무기 – 총, 칼, 대포, 탱크 등
└ 대량살상무기
　　생물학무기, 화학무기 – 사린 가스, 탄저균 등
　　핵무기 – 원자폭탄, 수소폭탄, 중성자탄 등

나는 국제정치학을 공부해 오면서 국제세미나에서 만난 외국 학자들에게 '한국 사람들은 북한이 가진 핵무기를 별로 무서워하는 것 같지 않은데 왜 그러냐"는 질문을 받곤 해. 그럴 때마다 내가 할 수 있는 대답 중 하나는, 한반도에는 반세기

넘는 긴 세월 동안 남북한이 대치하면서 핵무기의 위력과 맞먹을 만한 엄청난 양의 재래식 무기를 쌓아 왔기 때문에, 공포에 익숙해진 한국인들은 북한이 핵무기를 보유했다는 뉴스를 들어도 무덤덤하다는 거야. 물론 외국 학자들의 우려가 일리는 있어. 아무리 재래식 무기를 많이 확보했더라도 핵무기의 위력에는 비할 바가 못 되니까 말이야. 그럼 대체 핵무기의 위력은 얼마나 될까?

제2차 세계대전 말미에 히로시마와 나가사키에 투하된 폭탄을 살펴보자. 이 폭탄들은 지금까지 우리가 생각한 무기의 개념을 한 방에 뒤바꿔 놓을 정도로 강력한 위력을 보여 줬어. 핵무기 중에는 원자폭탄, 수소폭탄, 중성자탄 등이 있는데, 우라늄을 원료로 만든 첫 번째 원자폭탄 리틀 보이(Little Boy)는 1945년 8월 6일, 상공 580미터에서 폭발해 인구 38만 명의 대도시 히로시마를 잿더미로 만들었지. 4만~7만에 달하는 사람이 즉사했고 폭발 후의 방사능과 후폭풍으로 수많은 사람이 부상을 입었어.

그리고 사흘 뒤인 8월 9일에는 플루토늄을 원료로 한 두 번째 원자폭탄 팻 맨(Fat Man)이 나가사키 상공 440미터에서 폭발했어. 도시 인구 25만 명 중 4만 명이 즉사했고 이번에도 부상자는 이루 헤아릴 수 없을 만큼 많았지. 게다가 이때에는 일본으로 끌려간 조선인도 많았는데 7만 명 중 4만 명이나 사망하는 등 우리에게도 잊을 수 없는 비극이었어.

혹시 핵겨울이라는 용어 들어 본 적 있니? 핵겨울이란, 핵무기를 사용함에 따라 발생하는 먼지 등에 의해 태양 빛이 차단되고 이로 인해 지구 표면의 온도가 떨어져 겨울이 온 것처럼 추워지는 것을 의미해. 앞에서도 이야기했지만, 핵무기는 재래식 무기와는 비교할 수 없을 정도로 강력한 파괴력을 갖고 있어서 폭발했을 때 발생하는 먼지의 양도 우리의 상상을 초월할 정도로 많아.

먼지 때문에 태양 빛이 차단돼서 낮이 어두워지고 여름이 추워지면, 일조량이 부족해지고 식량 생산량이 줄어들어 기근이 발생하고 많은 사람이 목숨을 잃을 거야. 그리고 유출된 방사능으로 암과 같은 질병의 발생이 증가하는 등 지구는 이제 생명체가 살기 힘든 죽음의 별이 되겠지.

아인슈타인의 말처럼 인류는 늘 전쟁을 일으켰고 전쟁에서 승리하기 위해 끊임없이 무기를 개발하고 위력을 키

워 왔어. 돌칼로 싸우다가 쇠칼을 사용했고, 총을 개발하고, 미사일이나 비행기를 만들다가 마침내 핵무기에 손을 댄 거야. 어떤 이들은 군사용으로 개발된 GPS 기술이 현재는 자동차나 핸드폰에 탑재된 것을 거론하며 무기 개발이 인류에게 도움이 되는 과학기술의 발전을 가져왔다고 주장하기도 해. 하지만 과학기술의 발전을 위해서 사람을 죽일 수 있는 무기를 개발한다는 논리가 정당화될 수 있을까? 평화적인 방법으로도 얼마든지 기술을 개발할 수 있는데 말이야.

핵무기는 대체 왜 필요할까? 재래식 무기만으로도 충분히 국가를 방위할 수 있고 핵무기의 사용은 곧 나의 죽음과도 연결되는데 말이야. 핵무기를 보유하려는 가장 큰 이유는 아무래도 핵무기의 위력이 매우 강력해 상대에게 위협을 가할 수 있다는 점이겠지. 핵무기를 보유했다는 것은 곧 '나를 공격하면 언제든 네가 생각한 것보다 더 큰 위력을 가진 폭탄으로 복수하겠다'는 의미를 전달할 수 있으니까.

또 재래식 무기만으로 핵무기와 비슷한 수준의 위력을 확보하려면 엄청난 숫자의 폭탄을 구비해야 해. 이렇게 되면 보관비나 인건비 등 유지비가 너무 많이 들어서 국가 재정에 문제가 생길 수 있어. 핵무기도 유지비가 많이 들지만 재래식 무기에 비하면 훨씬 적지. 이렇게 핵무기의 가성비가 좋다 보니 너도나도 핵무기를 보유하려 했고, 현재는 지구를 몇 번이고 멸망시킬 수 있을 만큼의 핵무기가 쌓였어.

1941년 10월, 핵무기 개발 연구를 승인한 미국 제32대 대통령 루스벨트는 뉴멕시코주 로스 알라모스에 연구소를 세우고 총책임자로 물리학지 줄리어스 오펜하이머를 임명한 뒤 과학자 3천 명과 20억 달러를 투입한 대규모 프로젝트를 시작해. 이게 바로 그 유명한 맨해튼 프로젝트(Manhattan Project) 야. 이 어마어마한 계획은 나치 독일로부터 미국과 유럽을 지킨다는 점을 명분으로 내세웠기에 가능한 일이었어. 얼마나 보안이 철저했는지 대통령과 늘 함께하는 트루먼 부통령도 모를 정도였지.

핵무기의 가공할 만한 위력을 확인한 나라들은 저마다 핵무기 개발에 뛰어들었어. 현재 전 세계에 있는 핵무기는 모두 1만 4000개 정도인데, 핵무기 경쟁이 가장 치열했을 때는 7만 개에 달했다고 하니 핵전쟁에 대한 공포가 얼마나 컸는지 짐작할 수 있겠지? 그런데 과거에 비해 핵무기의 양은 줄었을지 몰라도 핵무기 하나의 성능은 비약적으로 발전했기 때문에 핵무기에 의한 위협은 변함이 없어. 제2차 세계대전 이후 핵무기가 사용된 적은 한 번도 없지만 핵무기 몇 개로도 지구를 멸망시키기에 충분하다는 점에서 핵무기는 아직도 국

제평화를 위협하는 가장 강력한 무기야.

　핵 문제에 대해 세계적인 권위를 지닌 스웨덴의 스톡홀름 국제평화연구소(SIPRI)가 2019년 발표한 보고서에 따르면, 현재 아홉 나라가 핵무기를 보유하고 있다고 해. 먼저 국제사회에서 정당한 핵무기 보유국으로 인정된 UN 안전보장이사회 상임이사국 5개국(미국, 러시아, 중국, 영국, 프랑스)이 있어. 그리고 합법적인지는 않지만 핵무기를 보유했다고 용인되는 국가로는 인도, 파키스탄, 이스라엘, 그리고 북한이 있지. 이 중 미국과 러시아가 각각 6185개와 6500개의 핵무기를 가지고

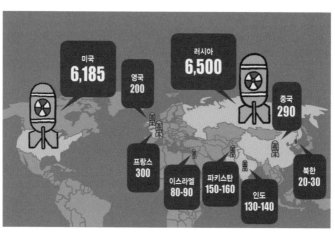

스톡홀름국제평화연구소가 발표한, 전 세계 핵무기 보유국과 그들이 보유한 핵무기 숫자.

있어서 전체 핵무기의 90퍼센트를 보유하고 있어. 그리고 우리의 가장 큰 관심인 북한은 정확하지는 않지만 대략 20~30개 정도의 핵을 보유하고 있는 것으로 추측돼.

세상과 핵무기를 보는 세 가지 관점

너희 유튜브 많이 보지? 공부에 지친 학생에게 유튜브란 머리를 식히고 재미를 주는 아이템이겠지. 하지만 대개 부모님들은 공부 시간은 물론이거니와 잠잘 시간까지 빼앗는 아주 해로운 매체라고 생각하실지 몰라. 이렇게 하나의 대상을 바라보는 관점은 사람마다 다르기 마련이야. 마찬가지로 나라마다 핵무기를 바라보는 시각이나 관점도 다양하지. 전쟁과 평화, 국가 간 협력과 갈등, 그리고 이 책의 주제인 핵무기와 국제정치도 사람마다 전혀 다른 시각으로 볼 수 있다고 생각해.

예를 들면 북한의 핵무기 개발을 두고 북한은 생존에 필수적인 수단으로 보지만, 미국은 평화를 위협하고 핵 확산의 위험을 초래한다고 생각해서 제재하지. 이렇게 국제정치학에서는 국제관계를 시각 차이에 따라 크게 현실주의, 자유주의,

구조주의로 나누어 확인해. 세 관점이 세상을 어떻게 바라보고 핵무기에 대해 생각하는지 알아보자.

현실주의: 세상에 나 말고 믿을 나라는 없어

먼저 국제관계를 바라보는 첫 번째 관점은 현실주의야. 이 관점은 국제정치학 분야에서 가장 오래된 관점인데 우리가 사는 세상은 각자 자신의 이익을 위해 싸우는 **정글** 같은 곳이라고 보고 있지. 이 관점에 따르면 세상은 승자와 패자가 분명히 나뉘고 승자가 모든 것을 가져가는 약육강식의 세계야. 때문에 나 이외의 모든 나라는 나와 협력하거나 공존하는 대상이 아닌 잠재적인 적국이기 때문에 제거해야 할 존재이지. 따라서 도덕이나 평화는 희망이자 이상일 뿐이며 국제법이나 UN(국제연합) 같은 국제기구는 국가의 행동을 제제하지 못한다고 생각해. 오히려 국제기구도 강대국의 입김에 자유롭지 못하고 휘둘리는 경우가 많다고 생각하지.

때문에 현실주의자들은 나의 생존을 보장하기 위해 가장 효과적인 수단으로 핵무기를 꼽고, **공포의 균형**을 이야기해. 공포의 균형이란 나도, 상대도 핵무기를 보유하면 보복을 걱정해 서로 핵무기를 사용하지 않아 평화가 유지된다는 개념이야. 어느 누구도 함부로 전쟁을 일으키지 못해 안정된다는

거지. 이들은 인류 역사에서 지속가능한 평화란 없으며 앞으로도 불가능하기 때문에 전쟁을 막는 것에 전력을 기울여야 한다고 생각해. 힘은 힘으로 제압한다는 개념이지.

물론 이들 사이에도 의견의 차이는 있어. 현실주의자 중 좀 더 온건한 사람들도 핵무기를 포기하는 게 가장 좋다는 것을 알아. 하지만 이들도 그것은 현실적으로 불가능하다는 것을 알기 때문에 핵을 사용하지 않음을 전제로 하고 사용 가능성만으로 서로에게 공포를 주어 안보를 지키자고 주장하지. 이들은 핵무기를 필요악으로 보는데 제2차 세계대전 이후 이어진 냉전 시기에도 미국과 소련이 긴장관계를 유지하면서도 큰 충돌 없이 평화를 유지할 수 있었던 것도 이러한 때문이라고 봐.

반면 핵무기를 필요악이 아니라 필요 그 자체로 보는 과격한 현실주의자들도 있어. 이들은 적극적으로 핵무기의 보유와 확산을 지지하는데, 핵무기를 숨겨 두고 폐기했다고 주장할 수 있다는 점을 들어 핵무기의 완전한 폐기는 불가능하다고 생각하지. 또 핵무기 보유를 넘어 핵무기를 동원한 선제공격이나 제한적인 범위의 핵전쟁도 가능하다고 봐. 실제로 2002년 1월 8일, 미국 국방부는 미국 의회에 제출한 핵 관련 보고서에서 ① 이란과 이라크가 이스라엘을 ② 북한이 한국을 ③ 그리고 중국이 대만을 공격할 때 이스라엘, 한국, 대만의 동맹국인 미국이 핵무기를 사용할 수 있다고 보고했는데, 이들이 과격한 현실주의자들의 입장이야.

자유주의: 대립 대신 협력을

두 번째 관점은 자유주의야. 자유주의는 현실주의와 거의 모든 면에서 정반대의 시각을 지니고 있어. 무엇보다 전쟁과 평화에 대한 관점이 완전 반대거든. 자유주의는 국제관계를 도덕, 여론, 제도들이 존재하며 이에 대다수 국가가 따르고, 가꿀 수 있는 **정원**처럼 보고 있어. 이에 따라 국가들은 대립하기보다 협상을 하고, 분쟁을 일으키기보다 평화를 유지하는 게 정상이라고 주장해.

또 가장 확실하게 나의 생존을 보장할 수 있는 국가를 중요시 여기는 현실주의자들과 달리 자유주의자들은 개인을 가장 중요시하지. 이들은 자유와 평화를 원하는 개인이 모여 만든 국가 역시 당연히 자유롭고 평화로워야 한다고 봐. 이렇게 보면, 현실주의는 인간이 태생적으로 악하나는 순자의 성악설과 유사하고, 자유주의는 인간이 본래 선하다는 맹자의 성선설과 유사하다는 것을 알 수 있을 거야.

자유주의자들은 핵무기를 자유와 평화를 위협하는 절대악

으로 보기 때문에 어떤 경우에도 폐기해야 한다고 주장해. 이
들은 핵무기를 공격용, 방어용으로 나누는 것은 무의미하며
모든 핵무기를 폐기해야 지구가 평화로워질 거라고 봐. 또 이
들은 핵무기가 전쟁을 억제하고 평화를 지키는 수단은 될 수
없으며, 특히 핵에 의한 전쟁 억지는 성공할 수 없는 전략이
라고 주장해. 왜냐하면 방어용임을 주장하지만 핵무기 보유
자체가 다른 나라의 선제공격에 대한 자신감을 키워 주기 때
문에 억지에 의한 효과는 시간이 갈수록 줄어든다는 거지. 따

라서 자유주의자들은 현실주의자들이 말하는 공포의 균형은 언제든 무너질 수 있다고 봐.

세상을 정원으로 보는 자유주의자는 비핵화도 가능하다고 봐. 인간의 선한 본성, 즉 평화적 본성을 지닌 개인들이 국가를 움직이고, 그런 국가가 모여 만든 국제기구의 협력으로 핵무기 없는 세상이 가능하다고 믿는 거야. 히로시마와 나가사키의 비극에 큰 충격을 받은 인류는 제2차 세계대전 직후 UN을 중심으로 핵무기에 의한 위협을 통제하려 했지. 물론 원자폭탄이 종전을 앞당기긴 했지만, 그 대가가 너무 크다는 것을 깨달은 인류는 비극적인 전쟁을 막는 것도 중요하지만 핵무기에 대해서도 어떤 식으로든 제한이 필요하다는 데 공감했지.

이후 국제사회는 NPT(핵확산금지조약)* 같은 협력체를 만들어 비핵화를 위한 적극적인 노력을 전개해 왔어. 물론 이 조약을 위반하고 핵을 개발한 나라에 확실한 제제를 가하지도 못하고 아직 완전한 의미에서의 비핵화에는 도달하지 못했지만, 그래도 조약 제정 이후 50년이 넘게 흘렀는데 핵무기를 가진 국가가 크게 늘어나지 않는 것은 이런 협력의 결과라 볼 수 있어. 실제로 강대국들이 앞다투어 핵무기를 개발하던 제2차 세계대전 직후, 한 핵 전문가는 2000년이 되면 핵무기를

보유한 나라가 100여 국에 이를 거라고 경고했지만 실제로는 전혀 그렇지 않다는 점이 자유주의자의 주장을 반증해.

구조주의: 강대국 위주의 세계를 바꾸자

마지막으로 국제정치를 바라보는 세 번째 관점은 구조주의 야. 구조주의는 무엇보다 국가 간 경제적 불평등을 해소하는 데 관심을 두지. 구조주의자들은 아시아, 아프리카, 남미의 후진국들이 빈곤에 허덕이는 것은 선진국에게 유리하게 조성된 국제경제 체제 때문이라고 주장해. 이들은 또 국제정치에서 중심적으로 다뤄지는 전쟁이나 평화 같은 주제들은 허울 좋은 명분에 불과할 뿐 이를 결정하고 움직이는 것은 경제라고 보고 있어. 구조주의자의 관점에 따르면 세계는 국제경제 체제의 중심부에 놓인 선진국에는 낙원일지 모르나 외곽에 놓인 후진국에는 무자비한 약탈이 이루어지는 **기울어진 운동장**인 셈이지.

그럼 구조주의자들은 핵무기를 어떻게 바라볼까? 아쉽지

● NPT란, NPT에 가입된 국가 외의 다른 국가가 핵무기를 보유하지 못하게 하고, 핵무기를 보유한 국가가 보유하지 않은 국가에게 핵무기를 주는 것을 금지하는 국제조약이야.

만 사실 구조주의는 핵무기나 비핵화 같은 주제에 별로 관심을 기울이지 않아서 핵무기에 대한 그들의 생각을 체계적으로 연구한 내용은 거의 없어. 그렇지만 구조주의자들의 관점을 알면 그들이 핵무기를 어떻게 생각하는지 추측해 볼 수는

어디 한번 차 보시지~

있겠지. 구조주의자들은 세계를 움직이는 질서 대부분이 대부분이 강대국의 배를 불리기 위해 만들어졌다고 보기 때문에 핵무기 역시 강대국에게 유리한 구조를 만들기 위한 수단이라고 여겨.

구조주의자들은 이 질서가, 약자가 강자에게 **빼앗기는** 게 당연하도록 만들어졌고 이 구조는 이제 몇몇 개인이나 국가만으로는 바꾸기 힘들 정도로 굳어졌다고 주장하지. 그러므로 이제 핵무기를 통제하려는 국제적인 협력은 어려울 것이고, 비핵화는 더더욱 불가능하다고 볼 거야. 왜냐하면 이렇게 단단한 구조물을 깨부수려면 필연적으로 강대국의 반발을 살 테고, 또 강대국이 가진 힘보다 더 큰 힘이 필요한데 그런 나라는 어디에도 없기 때문이지. 따라서 이들은 현재의 이 문제를 해결하려면 구조가 썩고 망가져 더는 버틸 수 없게 되거나 불평등을 견디지 못한 시민의 혁명으로 가능할 거라고 보지.

요즘 화두인 용어 중에 불평등이 있지? 임금 불평등, 거주 불평등, 소득 불평등, 성별 불평등처럼 여러 종류의 불평등이 있어. 그럼 핵무기에도 불평등이 존재할까? 당연하지! 누구나 인정할 만한 공정한 기준이 없는데 누구는 가져도 되고 누구는 안 된다면 당연히 불평등이라고 하겠지.

이스라엘과 북한 모두 핵무기를 보유했는데 이스라엘은 국제사회의 제재를 받지 않고 북한만 제재를 받는 이유는 무엇일까? 또 인도와 파키스탄이 핵무기를 보유하는데 북한만큼의 제재를 받지 않는 이유는 무엇일까? 그것은 세계 핵무기 질서가 미국 위주로 짜여 있고, 북한은 그 어떤 나라와 비교가 안 될 만큼 미국과 사이가 나쁘기 때문이지. 이렇게 보면 미국이 무슨 국제사회의 핵무기 보유를 결정하는 바로미터(Barometer)처럼 여겨지지 않니? UN이 있고 국제법이 있고 윤리와 도덕이 있지만 아직도 국제사회에서는 힘의 논리가 작용하고 있어. 때문에 핵무기 보유에 따른 제제 여부는 결국 미국 중심의 사고를 벗어날 수 없어.

미국을 비롯해 핵무기를 보유한 국가들이 곧 강대국이라는 말은 틀린 말이 아니야. 현재 국제사회가 인정하는 다섯 개의 합법적인 핵무기 보유 국가가 UN 안전보장이사회 상임이사국과 일치한다는 것은 우연이 아니지. 최초로 핵무기를 사용했던 미국도 사용 후에는 그 위력에 크게 놀랐어. 그래서 핵무기를 다른 나라가 보유하면 자기들 안보에 위협이 될 수 있다는 생각에 혼자만 핵무기를 갖고 싶어 했지만 그건 처음부터 불가능한 꿈이었지. 1949년, 카자흐스탄의 광야에서 소련이 핵실험을 강행했고, 이어서 1952년과 1960년에는 영국과 프랑스가 각각 핵무기 개발에 성공해. 또 중국은 공산화를 이룬 지 15년 만인 1964년, 신장 위구르 자치구 롭누르에서 핵실험에 성공하면서 합법적 핵무기 보유국의 막차를 탔어.

이들은 핵무기를 실전 배치한 뒤, 자신들 이외에 다른 나라가 핵무기를 보유하는 것을 철저히 막았지. 핵무기가 늘어나면 세계 평화가 위협받는다는 명분을 내세웠지만, 그 이면에는 핵무기를 보유했을 때 생기는 국제사회에서의 권력을 다른 나라와 나눠 갖고 싶지 않다는 속내가 숨어 있던 거야. 때문에 강대국들은 때때로 협력하고 때때로 반목하지만, 핵무기 문제가 거론되면 즉시 하나로 똘똘 뭉쳐 다른 나라의 핵무기 개발 시도를 막아 온 거지.

그럼에도 핵무기 개발을 추진했던 몇몇 나라들이 있어. 앞서 말한 인도, 파키스탄, 이스라엘과 북한이야. 그리고 조금 생뚱맞을지 모르지만 아프리카 대륙의 남아프리카공화국도 핵무기를 보유했고 우크라이나, 벨라루스, 카자흐스탄 같은 동구권 국가 역시 핵무기를 보유한 적이 있어. 또 핵무기를 개발하려다가 완성하지 못하고 포기한 리비아가 있고, 이란도 핵무기 개발 가능성이 있지. 또 1970~1980년대에는 대

만도 핵무기를 만들려다가 핵심 연구원이 미국으로 망명하는 바람에 개발이 취소되었어. 우리나라도 1970년대에 핵무기 개발을 시도했다가 중단했지. 각국의 핵무기 개발 과정이 우리에게 말해 주는 가장 중요한 사실이 무엇일까? 그것은 국제정치에서는 핵무기가 갖는 위상이 매우 높다는 점이겠지.

냉전 시기에는 미국과 소련을 중심으로 세계가 나뉘었는데 냉전이 끝난 뒤에는 세계가 승자인 미국을 중심으로 돌아가도록 재편됐어. 소련과의 체제 경쟁에서 승리한 미국에 맞선다는 것은 상상도 할 수 없는 일이고, 또 핵무기 개발과 유지에는 많은 비용이 필요하기 때문에 앞서 말한 동구권 국가들처럼 핵무기를 포기하는 나라가 많아졌지. 핵무기는 이렇게 점차 국제정치의 중심 무대에서 멀어진 거야. 그래서 소련의 붕괴가 시작되던 1980년 말부터 2015년까지 약 35년 동

안 사람들은 핵무기가 냉전 시대의 역사적 유물에 불과하다고 생각하게 돼. 사실 35년 동안 갈등이 없었던 것은 아니야. 1998년의 코소보 전쟁, 2001년 9.11 테러로 인한 미국—아프가니스탄 전쟁, 이라크 전쟁, IS 세력들에 의한 테러 등등 여러 위협이 있었지만 핵무기에 대한 위협은 아니었지.

그런데 2010년대에 들어서면서 소련 대신 새롭게 경제·군사 대국으로 떠오른 중국이, 절대강자였던 미국과 대결하기 시작하면서 패권 경쟁이 가속화됐어. 또 러시아는 미국과 나란히 섰던 과거의 영광을 되찾고 싶고, 미국이 미사일 방어체계 개발 등 공포의 균형을 넘어 절대적 우위를 가지려 하는 데에 대한 두려움으로 다시 핵무기 경쟁에 본격적으로 뛰어들었거든. 게다가 북한이 새로운 핵무장 국가로 국제사회에 등장하면서 핵무기는 다시 군비 경쟁의 핵심 수단으로 급부상했어.

이런 현실의 변화는 국제정치학에도 큰 영향을 끼쳤어. 냉전 시절 미국과 소련의 핵무기 경쟁은 국제정치학에서 가장 중요한 주제였고, 이를 설명하기 위한 이론들이 많이 탄생했거든. 예를 들면 보복공격을 통한 공포의 균형 이론, 핵무기를 통해 전쟁을 억제한다는 핵 억지 이론, 동맹국에 핵무기를 못 가지게 하는 대신 누군가 동맹국을 공격하면 내가 대신 핵

으로 보복해 줌으로써 핵 공격을 억지한다는 핵우산 이론 등이 그것이야.

냉전이 끝난 뒤에 핵에 대한 위협이 줄어들면서 자연스럽게 핵무기에 관한 연구가 줄어들고 이론도 거의 나오지 않았는데 최근 들어 다시 그 움직임이 활발해지고 있어. 과거에 대한 이론을 재평가하는 것부터 새로운 이론을 찾는 것까지 다양한 시도가 이어지는데 급변하는 국제정치 현실을 반영한 결과야.

2장에서는 핵무기를 가진 나라들을 분야에 따라 나눠 좀 더 자세히 알아보자. 단지 핵무기 보유국이라는 타이틀 하나로 모든 핵무기 보유국을 묶기보다 그 일면을 하나하나 들여다보면 흐름이 보일 거야.

지금까지 왜 많은 나라가 핵무기를 보유하려 했는지에 대해 설명했어. 그중에서 가장 설득력 있는 주장은, 초강대국을 포함해 국가의 행동을 통제할 수 있는 국제기구가 없기 때문에 자국의 안전을 보장하는 데 가장 좋은 수단이 핵무기이기 때문이라는 점이야. 다시 말해 안보 때문에 핵무기를 선택한다는 건데, 사실 이것도 반은 맞고 반은 틀린 말이야. 안보 때문에 핵무기를 보유하는 나라는 북한, 이스라엘, 파키스탄 정도를 제외하면 없거든. 그럼 먼저 안보 이외에 다른 목적으로 핵무기를 보유한 나라에 대해 알아보자.

미국: 나는 세계의 경찰

핵무기를 개발하고 사용한 최초의 국가, 초강대국으로 세계의 경찰을 자처하며 세계의 질서와 규칙을 결정하는 미국을 보자. 미국은 핵무기뿐만 아니라 핵연료를 사용해 움직이는 항공모함이나 잠수함 같은 군함을 만들어 운용하고 있어. 이렇게 오랫동안, 그리고 여러 부분에서 핵을 사용해 왔으니 세계 핵 질서를 결정하는 데 강력한 영향력을 발휘하는 건 어찌 보면 당연할지도 몰라.

미국은 제2차 세계대전에서 핵무기를 사용해 승리를 확정했다는 경험이 있어. 핵무기의 위력이 얼마나 강력한지 실감했기 때문에 핵무기를 가지면 다른 나라가 함부로 미국을 건드리지 못한다는 점과, 어느 나라든 핵무기에는 두려움을 갖는다는 사실을 이용해 핵무기를 보유하려 하는 거야. 뒤에서도 나오겠지만 미국이 생각한 핵우산이라는 개념은 지리적으로 미국과 멀리 떨어진 유럽이나 동북아시아에서 미국의 영향력이 커지는 효과를 거두었어.

그런데 2009년 4월, 미국의 제44대 대통령 오바마는 '핵무기 없는 세상'을 선언하며 핵무기 감축의 분위기를 이끌었어. 인류가 핵무기의 위협에서 자유로워진다는 의미이니 전 세계가 환영했고 같은 해 10월에는 노벨평화상도 수상했지. 하지만 훗날 오바마 대통령은 "(다른) 국가들이 핵무기를 가지고 있는 한 미국은 강하고 안전하고 확실하고 신뢰할 수 있는 핵무기에 의한 억지를 계속할 것"이라며 핵무기 전략을 미국 군사 전략의 핵심으로 여기겠다는 기존 입장을 고수하겠다고 선언하며 평화 분위기에 찬물을 끼얹었지.

미국이 먼저 핵무기를 포기하지 않겠다는 말이었기 때문에 '핵무기 없는 세상'은 단지 정치적인 발언에 불과하고 노벨평화상도 선불로 받았냐는 조롱도 따라왔어. 또 오바마 대통령의 뒤를 이어 취임한 제45대 대통령 트럼프는 NPT를 준수하겠다면서도 미국의 핵전력을 첨단기술로 업그레이드하겠다고 선언한 것을 보면 미국은 핵무기를 포기하겠다면서 포기하지 않는 이중적인 모습을 보여 왔지.

러시아: 언젠가는 과거의 영광을 재현할 거야

다음으로 러시아를 살펴보자. 1991년, 체제가 붕괴한 소련은 러시아와 우크라이나, 벨라루스 등 여러 나라로 분열됐어. 소련의 직접적인 후계자인 러시아는 사회주의를 버리고 자본

주의를 받아들이긴 했지만, 푸틴 대통령을 중심으로 하는 권위주의 정부라든가 각종 첨단 무기를 보유한 군사강국이라는 점은 소련과 비슷해. 게다가 러시아의 국가안보 전략을 살펴보면 핵무기의 중요성은 소련 시절에 비해 감소하기는커녕 오히려 증가하지.

러시아는 과거 소련 시절 미국과 세계를 양분했어. 세계 최강 미국과 당당히 맞선다는 것은 소련의 자부심이었지만 이제는 그렇지 않아. 먼저 경제력에서 많이 뒤떨어지거든. 2018년 기준으로 세계은행에서 발표한 GDP(국내총생산) 순위를 살펴보면 미국이 1위이고 러시아는 11위야.(한국은 12위) 또 같은 해 기준으로 통계청이 발표한 GNI(1인당 국민총소득) 순위를 살펴보면 미국은 4위, 러시아는 54위이지.(한국은 26위)

경제력이 받쳐 주지 못하니 군사력으로도 대등할 수 없어. 재래식 무기로 미국과 대결하려면 미국만큼의 국방비를 지출해야 하는데, 러시아의 1년 국방비는 480억 달러, 우리 돈으로 약 60조 원이지만 미국의 1년 국방비는 7500억 달러, 우리 돈

미국을
따라잡을 거야.

으로 약 900조 원*이야. 비교하려 해도 비교가 안 되는 수준
이야. 재래식 무기로는 도저히 미국과 대등할 수 없으니 가성
비 좋은 핵무기를 찾는 거지. 게다가 새롭게 등장한 중국 역
시 러시아의 지위를 위협하다 보니 러시아는 더욱더 핵무기
에 매달리게 된 거야. 그러니 러시아가 핵무기를 폐기할 가능
성은 제로에 가까워.

러시아는 미국의 핵무기가 나날이 발전하고 있는 것이 불
안할 거야. 지금까지의 미국과 러시아의 핵무기 전략을 살펴
보면 미국은 질, 러시아는 양으로 대비되어 왔어. 미국은 소
형화와 정확성을 내세우고 러시아는 탄두의 큰 폭발력과 많
은 숫자를 내세워 앞에서 말한 공포의 균형을 통해 서로를 억
제했지.

그런데 1980년대부터 미국이 개발하기 시작한 미사일 방
어체계(MD)는 기존의 핵무기 질서를 파괴해서 러시아에게 두
통거리를 안겨 주지. 이전까지 두 나라의 핵무기 개념은 '네
가 쏘면 나도 쏴서 우리 둘 다 죽는다, 그러니까 서로 쏘지 말
자'는 상호확증파괴(MAD)를 전제로 하고 있었어. 그런데 만약
미국이 자국으로 날아오는 핵미사일을 모두 막아 내는 기술
을 확보한다면, 서로를 향해 핵미사일을 발사해도 미국은 살
아남고 러시아만 파멸하기 때문에 러시아 입장에서는 선제공

격을 당할 수도 있다는 생각을 하게 됐지. 물론 미국은 방어체계라는 이름처럼 방어용으로만 사용한다고 주장하지만, 러시아의 보복을 무서워할 필요가 없다는 점에서 미국이 마음만 먹으면 언제든지 핵무기를 사용할 수 있게 됐지.

영국: 대영제국은 해가 지지 않는다

다음은 영국이야. 영국은 1952년 핵실험에 성공함으로써 역사상 세 번째로 핵보유국이 됐지. 그러나 영국은 미국과 러시아와는 달리 제한된 양의 핵무기만을 보유하고 있어. 적이 핵무기로 공격하지 못할 만큼의 핵전력만 유지한다는 전략이지. 다른 나라와 달리 핵무기를 보유하고 있음에도 영국은 미국과의 끈끈한 동맹관계에 의한 핵우산^{●●}에 의존하고 있어.

사실 영국이 핵무장을 결심한 데에는 약간 허세가 담겨 있었다고 해. 두 차례의 세계대전을 치르고 식민지가 독립하는 등 국력이 약해졌지만 '해가 지지 않는 나라'인 대영제국을 건

● 2020년 GFP(Global Fire Power)
●● 핵우산이란, 미국의 동맹국이 핵 공격을 받으면 미국이 동맹국 대신 핵무기로 반격해 줄 테니 동맹국이 핵무기를 보유하는 것을 억제하는 미국의 정책 중 하나야. 이 이야기는 4장에서 자세히 설명하도록 할게.

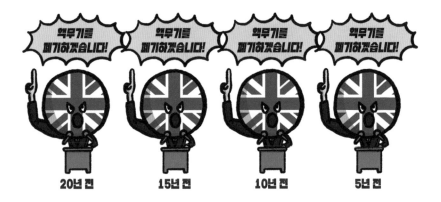

설했던 과거의 영광을 잃지 않으려면 반드시 핵무장을 해야 한다는 여론이 있었다는 거지. 자존심 때문에 핵무기를 보유했다고 할까?

때문에 최근에는 미국과의 동맹을 이용해 핵우산에 포함되면 충분하지 굳이 업그레이드까지 하면서 핵무기를 보유해야 할 이유가 있냐는 여론이 힘을 얻고 있어. 핵무기가 재래식 무기에 비해 가성비가 좋긴 하지만, 200개가 넘는 핵무기를 유지하려면 그 비용이 만만치 않거든. 그래서 영국은 공개적으로 핵무기 폐기를 선언했고 전문가들도 다른 나라에 비하면 영국의 폐기 가능성이 크다고 하지. 그러나 의도를 실천으로 옮기기란 쉽지 않은 법이야. 영국의 핵무기 폐기 주장은 20년 전부터 나왔지만 보유 숫자는 그대로니까.

프랑스: 전투기도, 항공모함도, 핵무기도 있어

미국과 러시아, 영국에 이어 네 번째로 핵보유국 반열에 오른 나라는 프랑스야. 프랑스는 소련의 위협으로부터 국가 안보를 위해 최후의 보루로 핵무기를 선택하고 개발에 착수해 1960년, 핵실험에 성공하지. 동시에 정치적·군사적으로 미국에 너무 의존하는 것을 방지하고 제2차 세계대전 이후 초강대국으로 떠오른 미국에 맞서 국제무대에서 제 목소리를 내려면 핵무기가 필요하다고 믿었어. 또 오랫동안 유럽의 패권을 두고 다툰, 개와 고양이라고 해도 과언이 아닐 만큼 앙숙인 영국이 핵무기를 보유했으니 프랑스가 그에 뒤쳐져서는 안 된다는 생각으로 핵무기를 개발했지.

프랑스는 유럽에서의 위기 상황에 대비해 핵무기는 반드시 갖고 있어야 하는 보험 정도로 생각해. 또 핵무기를 보유함으로써 유럽을 넘어 세계무대에서 큰 목소리를 내고 강대국으로서의 지위를 유지할 수 있다고 봤어. 프랑스는 영국에 비해 개발은 좀 늦었지만 영국보다 많은 300여 개에 달하는 핵무기를 보유하고 있고 영국과 달리 핵무

기 폐기 주장 자체가 금기시될 정도로 국가적인 차원에서 핵무기 보유를 긍정하고 있지.

중국: 이젠 내가 미국과 맞서겠다

마지막으로 중국을 살펴보자. 너희 입장에서 보면 중국은 마치 신흥강국으로 보일 수 있지만, 앞서 말했듯이 중국은 1964년에 이미 핵무기 전략을 완성한 나라야. 제2차 세계대전 이후 사회주의 체제를 선택한 중국은 자본주의를 선택한 미국과 경쟁관계이다 보니 핵무기 개발을 생각하지 않을 수 없었어. 게다가 중국과 소련의 갈등(중소분쟁)으로 같은 사회주의 국가인 소련과도 사이가 나빠지면서 소련의 입김에서 자유롭기 위해 핵무기를 개발했지. 중국은 최소한의 핵무기만 가지고 먼저 사용하지 않겠다고 공개적으로 약속했어. 동시에 핵무기를 폐기하는 데 노력하겠다고 강조하는 나라야. 때문에 중국의 경제는 급격히 발전했지만 핵무기 전력은 증가하지 않았지.

그러나 미국과의 무역 분쟁이 심각해지고 경제력이 더욱 커지는 지금, 중국의 이러한 정책은 변할 수도 있어. 미국은 국제사회에서의 지위가 빠르게 높아지는 중국을 잠재적 적국이자 위협으로 생각해서 무역, 사이버, 통화, 4차 산업을 비

롯한 군사 분야에서도 중국의 성장을 견제하려 하지. 때문에 중국과 지리적으로 가까운 한국, 일본과의 동맹을 활용해 중국을 포위하려 하는 거야. 이게 너희도 한 번쯤은 들어 봤을 미국의 한국 내 사드 배치 문제이지.

사드(THAAD)는 날아오는 미사일을 공중에서 격추하는 시스템을 말하는데, 미사일을 맞추는 미사일이라고 생각하면 돼. 한국과 미국은 북한의 미사일 발사를 탐지하고 격추하기 위해서라고 설명하지만 중국은 자신들의 핵무기 전력을 무력화하기 위한 배치라고 생각해. 이것 때문에 한·중관계가 악화

일로에 놓였고 국내에서도 사드 배치를 두고 극심한 갈등이 이어지는 등 한때 우리나라는 두 나라 사이에 껴서 굉장히 난처했어. 우리나라는 앞으로 국제관계를 면밀히 살펴서 현명한 선택을 해야 해.

다음으로는 국제사회와 NPT로부터 인정받지 않은 채 핵무기를 보유한 나라들을 살펴보자. 앞에서 설명한 다섯 나라와 달리 이들은 핵무기 보유의 합법성을 인정받지 못했지만 NPT가 이들의 핵무기 보유를 막거나 해체를 명령할 수 없기 때문에 어쩔 수가 없지. 강대국들도 다른 나라에게 핵무기 포기를 종용하면 내정 간섭이기 때문에 그럴 수도 없어. 그렇다고 전쟁을 일으킬 수는 더더욱 없는 일이고. 이런 나라에 대해 알아보자.

인도: 화장실은 없지만 핵무기는 만들 줄 알지

1944년부터 핵무기 연구를 시작한 인도는 호비 바바라는 핵물리학자의 주도로 타타(Tata) 연구소를 세워 개발을 시작했어. 당시 인도는 영국의 식민지였기 때문에 군사용 대신 평

화적 이용을 전제로 했지. 그리고 인도원자력위원회는 과학
자들을 미국, 영국, 캐나다에 보내 기술을 배우게 했고 독립
후 1974년 5월, 마침내 핵무기 개발에 성공했지. 그러자 미
국과 캐나다는 평화적으로 이용한다고 해서 기술을 제공했더
니 무기를 만들었냐며 반발했어.

국제사회의 반발을 감수하고 인도가 핵무기를 개발한 이유
는 우선 인도 내부의 강력한 요구가 있었기 때문이야. 인도
는 넓은 국토, 인구수 세계 2위, 훌륭한 문화 등을 이유로 강
대국이라고 자부하지. 하지만 200년 동안 영국의 식민지였다
는 아픈 기억과 독립 후 오랜 시간이 지났음에도 가난에서 벗
어나지 못했다는 부끄러움이 있었어. 때문에 경제개발보다도
국가의 위신을 드높이는 게 중요하다고 생각한 사람이 더 많

을 정도였지.

24년 뒤인 1998년에 있던 2차 핵실험 후의 여론조사에서도 인도 국민들의 87퍼센트가 핵실험에 찬성했다는 결과가 나왔고 인도의 언론들도 이를 두고 위대한 성과라고 칭송하는 기사를 냈어. 핵무기 개발 전 인도의 여당인 인도인민당은 지지 기반이 약했는데 공약으로 내세운 핵무기 개발을 실현시켜 정권의 안정을 이룩했지. 더욱이 인도는 수천 년간 특유의 신분제도인 카스트 제도, 힌두교인과 이슬람교인의 종교 갈등, 부족 간의 다툼 등이 국가 발전에 장애물이었고 통합을 방해했는데, 핵무기 개발은 이 모든 문제를 해결하는 만능열쇠 같은 역할을 했어.

그런데 여기서 우리가 주목해야 할 것은 미국의 태도야. 인도는 미국과 사이가 나빠질 것이라는 점을 알면서도 핵무기를 개발했어. 실제로 이후 미국과 인도 관계는 대단히 악화되었고 2000년 미국 제42대 대통령 클린턴이 인도를 방문하기 전까지 22년 동안은 미국 대통령 중 어느 누구도 인도를 방문한 적이 없었을 정도였지.

하지만 2006년, 미국 제43대 대통령 부시가 인도를 방문해서 인도의 싱 총리와 정상회담을 하고 미국은 인도와 핵 관련 협정을 맺었지. 이란과 북한의 핵개발에 대해서는 강력한 제

제를 가한 미국이 인도에게는 특혜를 주고 핵무기 보유를 사실상 용인한 것이 이상하지? 실제로 미국 내·외부에서도 많은 반발이 있었지만, 미국이 그것들을 모두 물리치면서까지 인도의 핵무기 보유를 인정한 이유는 무엇일까? 그건 아무래도 중국 때문일 거야.

세계지도를 보면 알겠지만, 인도는 중국과 국경을 맞대고 있어. 과거에는 두 나라 군대끼리 충돌이 일어나 사상자가 나오기도 하는 등 현재도 아주 우호적이지는 않아. 미국 입장에서 생각해 보자. 냉전이 끝나고 소련이 무너진 뒤 미국을 위협할 만한 국력을 가진 나라는 중국이야. 그런데 ① 영토 크기나 인구수 모두 중국에 뒤지지 않으면서 ② 국가 정책이 공산당 중심으로 결정되는 중국과 달리 민주주의를 채택해서 미국과 친한 데다가 ③ 화성에도 탐사선을 보낼 만큼 과학기술이 발달했고 ④ 최근 경제가 급격히 발전하고 있는데 ⑤ 중국 바로 옆에 있어서 중국을 견제하기 좋은 나라가 있다면 어떨까? 이제 왜 미국이 인도의 핵무기 보유를 인정하려는지 알겠니?

인도는 참 신기한 나라야. 핵무기도 개발하고 세계에서 네 번째로 많은 국방비를 지출해서 군사력도 강력해. 대륙간 탄도 미사일을 개발할 만큼의 기술력도 갖추었고 항공모함도 갖고 있어. 뿐만 아니라 인공위성을 발사해 궤도에 올릴 정도로 우주과학 기술도 발전했지.

하지만 국가적으로 화장실 보급 사업을 추진하기도 해. 과학 기술력이 그렇게 뛰어난데 화장실이 웬 말이냐고 의문이 들 거야. 그런데 대부분 힌두교를 믿는 인도인들은 소를 신성시하고 소똥도 중요하게 생각하지만 사람의 대변은 대단히 불결하다고 봐. 때문에 집 안에 화장실이 없고 노상 배변이 당연한 나라야. 이로 인한 범죄가 자주 발생하고 심심하면 전염병이 창궐하는 등 치안과 위생 문제가 심각하다 보니 모디 인도 총리는 2019년 "지난 60개월 동안 화장실 1억 1천만 개를 보급했다"며 자랑스럽게 소개하기도 했어. 정말 극과 극인 나라이지 않니?

파키스탄: 인도만 꺾을 수 있다면 무슨 짓이든 하겠어

파키스탄의 핵무기 개발은 인도와의 오랜 갈등과 위협에 대한 대응 차원이라고 봐야 해. 최근인 2019년에도 인도 공군이 파키스탄과의 접경 지역에 공습을 진행하는 등 두 나라 관계는 한일관계는 아무것도 아닐 만큼 아주 험악하지. 사실 파키스탄은 인도의 일부였는데, 종교 갈등이 심각해지면서 분리된 나라야. 힌두교를 주로 믿는 인도와 이슬람교를 주로

믿는 파키스탄은 세 번이나 전쟁을 벌이는 등 관계는 매우 험악해. 때문에 핵무기 개발을 생각하게 된 거지.

1973년 취임한 파키스탄의 부토 대통령은, 파키스탄에서 '핵의 아버지'라고 불리는 칸 박사를 핵심으로 본격적인 핵무기 개발을 진행했어. 훗날 북한의 핵무기 개발에도 많은 도움을 준 것으로 알려진 칸 박사는 독일, 영국, 중국 등에서 기술과 장비를 수입해 1985년 10월, 핵무기를 개발했어. 이에 대해 미국은 어떤 반응을 보였을까? 인도의 핵무기 개발에 반대했던 것처럼 파키스탄의 핵무기 개발도 반대했을까?

놀랍게도 미국은 파키스탄을 지지했어. 여기에도 정치적인 이유가 있는데, 파키스탄과 국경을 맞댄 나라 중에는 중국 외에도 아프가니스탄이 있어. 이 나라는 너희들도 한 번쯤은 들어 봤을 거야. 1979년 소련과 아프가니스탄 사이에 전쟁(소련-아프가니스탄 전쟁)이 일어나자 미국은 소련을 견제하기 위해 아프가니스탄을 도왔는데 파키스탄은 자국 내에 미국의 군사 기지를 세우는 것을 인정했어. 때문에 미국은 이에 대한 보답으로 파키스탄의 핵무기 개발을 묵인한 거야. 그러나 전쟁이 끝나 소련이 아프가니스탄에서 철수한 뒤에는 파키스탄에 대한 제제를 다시 시작하는 이중적인 태도를 보였지.

미국의 이런 태도는 이게 전부가 아니야. 1998년 인도와 파키스탄이 핵실험을 실시하자 미국은 이번에도 파키스탄을 제재했어. 그러나 3년 뒤인 2001년 9.11 테러가 발생하자 이번에는 또 제재를 풀어 줬어. 테러의 주범인 탈레반의 본거지가 아프가니스탄이라는 정보를 입수하자 미국이 아프가니스탄 침공을 준비했고, 파키스탄은 미군에게 군사적 편의를 제공했던 것에 대한 대가였지.

사실 파키스탄 사례는 북한이 바라는 가장 이상적인 모습일 수도 있어. 미국이 원하는 것을 해 주고, 대신 합법적인 핵무기 보유국으로 인정받는 것 말이야. 실제로 북한은 과거에 비공식적으로 미국에게 이런 뜻을 넌지시 내비치기도 했대.

북한은 파키스탄과 닮은 점이 많아. ① 둘 다 가난에서 벗어나지 못했고, ② 안보를 위협하는 자기보다 강한 나라가 주변에 있으면서(인도와 한국, 미국) ③ 경제가 발전하지 못해 재

래식 무기로 인한 경쟁이 어려워서 핵을 통해 안보를 확보하려 하지만 ④ 둘 다 미국의 반대에 부딪친다는 점이지.

이스라엘: 나도 살고 봐야지

이스라엘은 오랫동안 외세로부터의 수많은 침략당한 나라야. 유대인들은 전 세계를 떠도는 시련을 겪고 또 현재도 이웃나라와 사이가 좋지 않아서 무엇보다도 안보에 대한 정책을 우선시해. 문제는 이 안보 정책이 지나치게 강경하고 자국 내 팔레스타인 난민에 대한 무력 진압이 지나치게 과격해서 국제사회의 비난을 자주 받는다는 점이지.

1948년, 미국과 영국의 도움으로 나라를 세운 이스라엘은 지금까지 아랍연합세력과 네 번의 전쟁(중동전쟁)을 치렀어. 모두 승리하긴 했지만 혼자서 여러 나라들을 상대해야 하고 경제력이나 인구 등 여러 면에서 열세라고 느낀 이스라엘 입장에서는 핵무기 개발만이 살아남을 수 있는 길이라고 판단했을 거야.

미국은 이에 대해 어떻게 반응했을까? 지금이야 미국과 이스라엘은 매우 가까운 사이지만 당시 미국은 이스라엘이 핵무기를 개발하는 것을 반대했던 게 분명해. 1960년대 말 이스라엘이 핵무기 개발에 가까워지자 미국은 이를 방해했고,

NPT 가입을 유도하는 등 이스라엘의 핵무기 개발을 막으려 애썼지. 이스라엘도 미국의 설득에 성의를 보이고 핵무기 개발을 포기하려는 듯했지만, 세 차례의 중동전쟁 때와는 달리 제4차 중동전쟁(욤키푸르 전쟁)에서 예상보다 강한 아랍연합군의 군대를 경험하고 크게 고전한 이스라엘은 핵무기를 개발해야 한다는 결론으로 돌아섰던 것 같아.

　스톡홀름국제평화연구소의 발표에 의하면, 이스라엘은 80~90개의 핵무기를 보유하고 있다고 판단돼. 이런 주장에 대해 정작 이스라엘은 핵무기 보유 사실에 대해 긍정도 부정도 하지 않는 독특한 자세를 보여 왔어. 그러다 주변 국가들의 군사적 위협이 높아지면 핵무기를 보유하고 있다는 것을 넌지시 흘리다가 이에 대한 비판이 커지면 존재를 부정하는

등 모호한 태도를 고수하고 있지. 이렇게 어느 경우에도 이스라엘이 공식적으로 핵무기를 보유했다고 인정한 적은 없지만 2020년 1월 베냐민 네타냐후 이스라엘 총리가 실수로 "이스라엘은 핵무기 보유국"이라고 언급했다가 "에너지 강국"으로 수정하는 소동도 있었어.

이스라엘은 인도나 파키스탄과 달리 특별한 핵실험을 하지 않아서 얼마만큼의 위력을 가진 핵무기를 얼마나 가졌는지 다른 나라가 파악하기 어려웠지. 하지만 원자력 기술자 모르데차이 바누누의 폭로로 이스라엘의 핵무기 보유 사실이 세상에 알려진 거야. 폭로의 대가는 매우 커서 그에게는 간첩과 반역죄 혐의가 붙어 18년을 감옥에서 보내야 했어. 이스라엘 사람들은 세 명 중 한 명 꼴로 바누누를 죽여야 한다고 했을 정도로 분위기는 험악했지.

그런데 이러한 바누누의 폭로에 가장 당황한 건 의외로 미국이었어. 미국은 NPT를 결성해서 가입국 이외의 다른 나라가 핵무기를 보유하는 것을 막아 왔는데, 자신과 매우 친한 이스라엘이 핵무기 보유를 선언하니 매우 난처한 지경에 놓인 거야. 하지만 그러면서도 결국 이스라엘에 대한 제재는 아무것도 없었어.

미국은 핵무기 개발을 이유로 이란과 이라크, 북한을 '악의 축(Axis of Evil)'으로 지목하고, 리비아로부터 핵 포기 선언을 받아 냈을 뿐만 아니라, 확인도 되지 않은 대량살상무기(WMD)가 있다며 이라크를 대상으로 전쟁을 일으켰지만, 이상하리만치 이스라엘에게는 관대한 이중적인 모습을 보였어. 게다가 종종 이스라엘에게 NPT 가입을 권유하지만 제재는커녕 그 어떤 압박도 가하지 않아. 자기들이 세운 NPT 원칙에 위배된다는 이야기를 들으면서까지 말이야. 국제관계는 이렇게 어떤 원칙보다 자국의 이익에 도움이 되는지 여부에 따라 갈리기 마련이지.

인도, 파키스탄, 이스라엘이 핵무기를 가질 수 있었던 이유는 내부에서 핵무기를 원했기 때문이야. 그리고 결정적으로 정세에 따라 미국이 정한 핵확산방지 원칙을 미국이 어겼기 때문에 가능했지. 북한은 내심 이런 국가들처럼 핵무기 보유를 인정받고 싶을 거야. 미국은 미국은 북한의 핵무기 보유를 막상 보유하면 결국 미국도 어쩌지 못하고 인정할 수밖에 없을 것이라고, 그러니까 버티면 가능하다고 북한은 생각할지 몰라.

비공식적이기는 하지만 북한은, 미국이 자신들의 핵무기 보유를 인정하고 정상적인 관계를 형성하면 자신들이 중국을 견제하는 역할을 대신 해 줄 수 있다고 여러 번 의사를 전

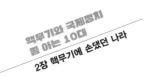

달했어. 하지만 미국이 이것을 승인할 가능성은 거의 없다고 봐. 북한의 과도한 희망사항일 뿐이지. 북한 문제는 인도나 파키스탄, 이스라엘과 달리 국경을 맞대고 있는 우리에게 매우 심각한 문제이니 3장에서 자세히 설명하도록 할게.

1장에서 설명한 맨해튼 프로젝트는 초강대국 미국이 각 분야의 최고 과학자들을 데리고 엄청난 예산을 들여 실현시킨 국가적 규모의 계획이었지. 때문에 핵무기 기술이라고 하면 굉장히 수준 높은 기술처럼 들리는데, 현대 시점에서 살펴보면 그렇게 어려운 일은 아니야. 시일이야 좀 걸리겠지만 강대국이 아니라도 개발할 수 있어. 때문에 냉전 이후 핵무기 개발에 성공한 나라들이 보유한 핵무기 숫자는 점차 줄어들었지만 새로운 나라들이 핵무기를 보유하려 해서 보유국 숫자는 얼마든지 늘어날 수 있지.

문제는 이들 국가가 국제사회에서 책임감을 갖거나 합리적인 자세를 보인 적이 별로 없기 때문에 핵무기 보유 확산의 위험성이 커질 수 있다는 거야. 앞에서 소개한 인도, 파키스탄, 이스라엘과 뒤에서 설명할 북한까지 네 나라는 핵무기 보유에 대한 정당성을 인정받지는 못하지만 보유하고는 있어. 반면 우리나라처럼 보유하지는 못하지만 핵무기 개발을 시도한 나라들도 있지. 여기서는 본격적으로 개발에 착수했던 이란과 리비아에 대해 살펴보자.

이란: 중동의 패권을 다시 내 손안에!

이란은 스스로를 이슬람교의 정통 수호국으로 자처하고 중동에서 1천 년 이상 존속했던 페르시아 제국의 후예라는 자부심이 매우 강해. 이러한 자부심을 바탕으로 이슬람 국가의 통합과 중동 지역에서의 패권을 쥐고 싶던 이란은, 여러 차례 이스라엘과의 전쟁에서 패하자 핵무기에 눈을 돌렸어. 이스라엘의 군사력이 생각보다 강하다는 것을 알고 이스라엘을 제압할 수단은 핵무기밖에 없다고 판단한 거야.

1960년, 친미 성향을 띠는 이란의 팔라비 국왕은 석유로 얻은 수익을 바탕으로 핵무기 개발에 뛰어들었어. 1967년 미국으로부터 원자로를 구입하면서 1968년에는 NPT에 가입했고 1975년에는 미국-이란 핵협정을 체결하기에 이르지. 또 비슷한 시기 서독으로부터 1200메가와트의 출력을 내는 상업용 원자력 발전소를 도입해 건설하는 등 이란의 핵무기 개발은 점점 탄력을 받아. 이를 두고 국제사회는 원자력 발전소

건설을 핑계로 핵무기를 개발하는 게 아니냐고 의심했지.

그런데 1979년, 호메이니가 이끄는 이란 혁명으로 팔라비 국왕이 왕좌에서 쫓겨나자 미국과 이란의 관계는 최악으로 치달았어. 미국의 지미 카터 대통령은 미국 내에 있는 이란의 자산 120억 달러를 동결해 사용하지 못하게 했고, 미국산 무기를 이란에 파는 것을 금지하고 외국 은행이 이란에 대출해 주는 것도 막았어.

전쟁이 끝난 1990년대에 들어서면서 이란은 러시아, 중국, 파키스탄의 협력과 지원을 받아 다시 핵무기 개발에 본격적으로 착수했어. 국제사회는 이란의 핵무기 개발 의혹을 꾸준히 제기했지만, 그때마다 이란은 전력 생산과 의학 치료용 등 평화적 이용임을 강조하며 의혹을 물리쳤지. 그런데 2002년 8월 이란의 반체제 조직이, 이란에는 IAEA(국제원자력기구)에 신고되지 않은 우라늄 농축 공장이 있다고 폭로했어. 이란이 18년간 IAEA를 속여 왔다는 비판이 거세졌고 여러 번 전쟁을 치러 이란과 적대관계인 이스라엘은 당장 반발하고 이란의 핵시설에 대한 공격을 준비한 거야.

전쟁을 걱정한 미국은 이란과 핵 협상에 나섰지만 타협점을 찾기 어려워 협상은 미뤄지기만 했지. 그러다 오바마 대통령이 '핵무기 없는 세상'을 천명하고 이란에도 온건 성향의 하산 로하니가 대통령이 되면서 협상은 급물살을 타고 마침내 2015년 역사적인 핵 협상안이 타결됐어. 그러나 이 협상은 오바마 대통령의 후임인 트럼프 대통령이 일방적으로 파기했고 이란도 그동안 중단했던 핵무기 프로그램을 재가동하겠다고 맞섰지. 이후 두 나라의 관계는 답보 상태에 빠져 있어.

사실 이란은 중동에서 손꼽힐 만큼 많은 인구(8000만)를 가진 대국이야. 넓은 영토(세계 18위)만큼이나 세계의 화약고라고 불리는 중동에서도 패권을 차지할 잠재력을 가졌고 또 그럴 의지도 있어. 그러나 오랜 경제 제재로 국민들의 삶은 말이 아니고 주변에는 이란을 견제하거나 적대시하는 나라가 많아. 전쟁을 벌였던 이라크는 두말할 것도 없겠지. 이런 지리적, 정치적인 특수성을 띤 이란은 자신의 생존을 위해 핵무기 개발에 뛰어든 거야.

리비아: 북한이 나를 반면교사 대상으로 삼았지

다음으로는 리비아가 있어. 리비아는 북한을 이야기할 때도 자주 언급할 거니까 집중해서 읽어 보자. 아프리카 북쪽, 이집트 옆에 있는 리비아는 1969년, 육군 대위였던 무아마르 카다피가 쿠데타를 일으켜 집권하면서 비극이 시작됐지. 카다피는 42년간 권력을 휘두르다가 2011년에 일어난 리비아

민주화 운동으로 권좌에서 쫓겨나 사망했어.

집권 초기 그는 이슬람 사회주의 국가를 건설한다는 목표 아래 독재를 저지르고 아랍권의 단결을 외치며 강력한 반미 정책을 펼쳤지. 리비아에 주재한 미국 대사관이 불타고, 미국이 리비아를 폭격하고(리비아 공습) 이에 리비아가 미국의 상징인 팬암 여객기에 폭탄을 설치해 비행 중에 폭파시키면서(로커비 테러) 두 나라의 사이는 완전히 틀어졌어. 이후 미국은 리비아의 석유 수출을 통제하는 등 카다피를 압박했지.

결국 리비아는 2003년 미국의 이라크 침공으로 독재자 후세인이 사망(이라크 전쟁)하는 것을 목격한 뒤부터는 핵무기를 포함한 대량살상무기를 포기한다고 선언해. 또 핵시설을 포기하고 IAEA의 검증을 받자 경제 제재도 풀렸고 미국과의 관계도 정상화됐지.

리비아의 비핵화는 일단 이렇게 성공적으로 마무리됐어. 국제사회도 환영하는 등 평화가 이루어지는 것처럼 보였는데, 비핵화라는 문제가 해결되자 이번에는 전혀 다른 문제가 터져. 2011년, 리비아와 국경을 맞댄 튀니지에서 '재스민 혁명'이라고 불리는 민주화 물결이 일어났어. 아랍 사회는 오랫동안 장기 독재 중인 정부의 부패와 가난, 종교로 인한 성차별 등으로 국민들의 불만이 극에 달해 있었단 말이야. 그런데 경제 위기와 식료품 가격 상승 같은 실생활을 위협하는 일이 이어지자 국민들은 거리로 쏟아져 나왔고 이는 곧 시위로 이어져서 정부를 전복하는 일이 벌어졌지.

문제는 이 혁명의 불길이 리비아에도 번졌다는 점이야. 결국 42년 동안 독재 정치를 해 온 카다피의 리비아 정부군과 반군 사이에 내전이 발생했고, 나토(NATO: 북대서양 조약기구)의 도움을 받은 반군이 승리해서 카다피는 목숨을 잃었어. 이를 두고 몇몇 전문가는 카다피가 핵무기를 포기해서 권력을 잃었고, 핵무기를 포기하지 않았다면 혁명의 결과는 많이 달

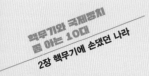

라졌을 거라고 해석했지.

여기서 국제사회가 리비아에게 요구한 핵무기 폐기 과정(리비아 모델)을 살펴보자. 먼저 ① 핵을 보유한 국가가 조건 없이 핵을 모두 폐기한 후 ② 핵무기 포기에 대한 제재 완화나 경제적 보상을 받는 선(先)폐기 후(後)보상 방식이라고 할 수 있어. 이 기획안은 사실 존 볼턴 미국 전 국가안보 보좌관이 제안한 것으로 트럼프 행정부에서도 북한에게 요구했던 방식이지. 북한처럼 리비아도 리비아 모델을 거부했다면 결과는 어땠을까? 리비아가 아닌 북한이 먼저 미국의 요청을 수용했다면 우리나라는 통일됐을까? 여러모로 많은 생각이 드는 문제야.

핵무기 개발에 뛰어든 나라들의 특성을 살펴보면 저마다 핵무기를 보유하려 했지 포기하지는 않았어. 또 이란과 리비아도 미국을 비롯한 국제사회의 압박에 의해 포기했지. 그런데 이미 완성된 핵무기를 가졌음에도 스스로 포기한 나라가 있어. 지금부터 알아볼 우크라이나와 남아프리카

공화국이야. 이 두 나라는 다들 갖고 싶어 하는 핵무기를 왜 스스로 포기했을까? 자발적으로 포기했다는데 정말로 자발적이었을까? 아니면 우리가 알지 못하는 다른 압박이 있었던 건 아닐까? 왜 그런 결정을 했는지 알아보자.

우크라이나: 아쉽지만, 포기해야지

우크라이나가 핵무기를 가졌다는 이야기에 대부분은 고개를 갸우뚱할 거야. 유럽 국가이긴 하지만 국제 무대에서 큰 영향력을 발휘했다는 이야기를 들어 보지 못했을 테니까. 우크라이나는 다른 나라와 달리 스스로 핵무기를 개발한 게 아니라, 소련 시절 우크라이나에 배치한 핵무기가 소련 해체 후에도 우크라이나에 남아 있던 경우야.

1991년, 소련에서 독립한 우크라이나는 하루아침에 핵무기 1800여 개를 보유한 핵 강국이 됐어. 한두 개만 가져도 국제무대에서 강한 영향력을 발휘할 수 있는데 1800개라면 어느 정도인지 감도 잘 안 와. 그런데 우크라이나는 이 핵무기를 모두 포기했어.

여러 이유가 있겠지만 먼저 ① 우크라이나의 경제 상황이 별로 좋지 않아 유지비를 감당하기 어려웠다는 점과 ② 5년 전인 1986년, 우크라이나 프리야피트에서 일어난 체르노빌

원자력 발전소 폭발 사고*의 당사자로서 핵에 대한 거부감이 굉장히 강했기 때문이지. 또 ③ 낙후된 우크라이나의 과학기술로는 핵무기를 관리하고 유지할 수 없었던 것도 포기의 중요한 이유 중 하나였지. ④ 마지막으로 미국과 유럽은 우크라이나가 핵무기로는 러시아를 상대할 수 없다고 설득하고 압박했고, 주변에 핵무기를 보유한 국가가 있지 않길 바란 러시아도 우크라이나에게 핵무기를 포기하라고 압박의 수위를 높인 거야.

결국 우크라이나는 1994년 1월, 미국과 러시아로부터 핵무기 폐기에 드는 모든 비용과 경제적 원조 및 안전 보장을 조건으로 핵무기 폐기에 동의했어. 모든 핵무기는 러시아에 보냈고 미국으로부터 방위비 3억 5천만 달러, 경제 원조비 5억 달러를 받았지. 우크라이나가 핵무기를 폐기해 핵무기의 위협에서 자유로워진 영국, 프랑스, 독일, 이탈리아 외에 일본과 캐나다도 우크라이나의 경제 지원에 동참했고 국제기구들도 핵무기 폐기를 도와줬어. 독립 후 아직 사회가 혼란할 때

● 1986년 4월 26일, 체르노빌 원자력 발전소에서 발전소 설비 운전 담당자의 조작 실수로 원자로가 폭발한 사건이야. 두 차례의 폭발로 약 700톤에 달하는 방사능이 유출됐고 수많은 사람이 방사능에 피폭돼 목숨을 잃었지. 이 사건의 여파는 지금도 계속되고 있어.

경제적 안정을 다질 수 있는 자금을 마련한 셈이야.

하지만 오늘날의 관점에서 보면 과연 우크라이나가 핵무기를 포기한 게 잘한 일인가 의문이 들기도 해. 2014년 우크라이나 크림반도에서 일어난 사건(크림반도 사태)을 보자. 당시 우크라이나 대통령은 친러 성향을 보였지만, 국민들은 러시아 대신 서유럽과 친하고 싶었고 결국 자리에서 물러나야 했어. 그러자 크림반도에 있는 러시아계 우크라이나인들은 러시아에게 개입을 요청했고 러시아는 이 요청에 따라 군대를 보내 크림반도를 자국 영토로 선언했지.

만약 우크라이나가 핵무기를 하나라도 갖고 있었다면 러시아가 크림반도를 강제 합병할 수 있었을까? 또 러시아의 이런 행동을 나토 국가들은 격렬히 비난했지만 실질적인 조치는 하나도 없었어. 이를 보면 현실주의자의 생각이 옳을지도 몰라. 우크라이나도 핵무기 포기를 후회할지도 모르지.

남아프리카공화국: 다들 나처럼 평화롭게 지내 봐

우크라이나는 이렇게 스스로 핵무기를 포기했지만, 핵무기를 유지할 여건이 안 돼서 포기했다는 아쉬움이 있지. 그런데 남아프리카공화국(남아공)은 자발적이고 모범적으로 핵무기를 폐기했다는 점에서 높은 평가를 받을 만해.

남아공은 1960년대부터 20년 가까이 핵무기를 비롯한 대량살상무기를 개발해 왔어. 앞에서 대량살상무기에는 화학무기와 생물학무기가 있다고 했잖아? 남아공이 이렇게까지 무기 개발에 열중한 것은, 남아공이 위협을 느낄 만한 나라가 주변에 많았기 때문이야. 특히 1975년, 남아공에서 그리 멀리 떨어지지 않은 앙골라에 소련과 친한 쿠바군 5만 명이 주둔하자 남아공은 핵무기 개발에 열중했지. 그러자 그렇지 않아도 아파르트헤이트라는 인종차별 정책 때문에 국제적으로 고립되고 경제 제재로 국내 경제가 나빴던 남아공에 국제사회의 비난까지 쏟아지자 국민 폭동이 일어날 지경에 몰리는 등 최악의 상황에 처했어.

그러자 1989년, 남아공의 마지막 백인 대통령 데클레르크는 핵무기 포기를 선언하며 본격적으로 비핵화를 시작해. 2년 뒤인 1991년에는 NPT에 가입했고 외무장관 보타는 그동안 핵무기 개발을 위해 비밀리에 운영하던 우라늄 농축공장과 핵폭발 장치 등이 설치된 곳을 공개했어. 이윽고 1993년에는 핵무기프로그램 해체 작업이 완료되는 등 비핵화가 완성됐지. 남아공은 이를 기념해 핵무기에 사용했던 원자재를 가지고 쟁기 모형을 만들어 IAEA에 기증하기도 했어.

남아공의 핵무기 포기 원인이 국제사회의 제재였다는 점은

FOR USE BY WHITE PERSONS

THESE PUBLIC PREMISES AND THE AMENITIES
THEREOF HAVE BEEN RESERVED FOR THE
EXCLUSIVE USE OF WHITE PERSONS.

By Order Provincial Secretary

VIR GEBRUIK DEUR BLANKES

HIERDIE OPENBARE PERSEEL EN DIE GERIEWE
DAARVAN IS VIR DIE UITSLUITLIKE GEBRUIK
VAN BLANKES AANGEWYS.

Op Las Provinsiale Sekretaris

이 공공부지와 편의시설은 백인 전용임을 알리는 표지판으로, 아파르트헤이트를 단적으로 보여 주는 사례야. (출처: 위키피디아)

부인할 수 없지만, 그 제재는 핵무기 개발에 대한 제재가 아니라 인종차별에 대한 제재였어. 또 소련 붕괴 이후 사회주의의 위협이 사라졌다는 게 결정적이었고 국제사회에서의 고립을 견디기 힘들었던 남아공 정부의 자발적 포기라는 점에 의의가 있지. 그런데 일각에서는 이런 이유보다 인종차별 정책의 종식이 핵무기 폐기의 더욱 결정적인 요인이었다는 주장도 나와. 흑인과 백인을 차별하는 정책을 유지하기 어렵다고 판단한 백인정부*가 흑인정부에 핵무기가 넘어가는 걸 보느니 차라리 폐기하는 게 낫다고 생각해서 핵무기를 포기했다는 말이지.

앞에서 제시한 국가의 비핵화 사례들은 각자 사정이 다르지만 공통점도 있어. 먼저 비핵화 과정에 미국을 포함한 강대

● 당시 남아공 정부는 백인과 흑인을 분리하고 백인 우대 정책을 펼치며 정부의 고위직은 대부분 백인에게만 돌아갔어.

국의 개입이 있었다는 점과 그 영향력이 매우 컸다는 거야. 또 이 강대국들은 전 세계 핵무기를 자신들의 통제하에 두려고 핵무기 포기에 당근과 채찍을 적절히 섞어 가며 효과적으로 사용했지.

물론 아쉬운 점도 많아. 남아공과 달리 리비아와 우크라이나의 핵무기 포기는 각각 제체 붕괴와 영토 상실이라는 결과를 가져왔지. 특히 카다피가 미국과 합의해서 비핵화를 약속했지만 말년이 편치 않았다는 점은 북한이 반면교사로 삼기 충분하지. 그를 처형한 것은 리비아 시민군이지만 배후에는 나토가 있었고, 또 나토의 주축은 미국이었다고 볼 수 있으니까 말이야. 미국이 주도하는 비핵화를 순순히 따를 만한 나라가 있을까? 리비아와 우크라이나를 보면서 북한의 김정은 위원장은 무엇을 생각하고 있을까? 모르긴 몰라도 까딱하다 핵을 놓으면 지금까지 누리던 모든 것을 잃어버린다고 생각하지 않을까?

3

북한과 핵무기

1장에서 우리는 히로시마와 나가사키에 떨어진 핵무기의 위력을 살펴봤어. 글로만 접한 우리도 핵무기의 위력을 느끼고 두려움을 갖는데, 같은 시기에 살았던 사람들은 오죽했을까? 북한의 김일성도 원자폭탄의 위력에 깊은 인상을 받았다고 해. 또 6.25전쟁 당시 미국의 막강한 군사력과 전쟁수행 능력에 충격을 받았던 김일성은 일찍부터 핵무기를 개발하려 했던 것 같아. 이렇게 북한의 핵무기 개발은 김일성의 생각과 결심으로부터 시작된 거라고 할 수 있어.

북한의 핵무기 개발은 소련으로부터 기술을 받아들이는 것으로부터 시작해. 6.25전쟁이 끝난 지 얼마 되지 않은 1959년부터 북한은 '과학연구센터'라는 연구소를 짓고 핵 기술자들을 훈련시켰어. 평양 북쪽인 영변°에 방사능 화학실험소와 더불어 핵폐기물 저장소 요원들이 사용한 방호복의 오염을 제거할 특수세탁공장도 만들었지. 이 작업에는 소련 핵 전문가 서른 명도 참가했다고 해.

● 영변이라고 하니 짐작했겠지만, 시인 김소월의 〈진달래꽃〉의 배경이 된 장소야. 이별을 받아들일 때의 감정을 노래한 곳에서 핵무기 개발이 이루어졌다는 게 아이러니하지.

소련이 영변 과학연구센터에 원자로를 설치해 준 이후 핵 관련 기술을 배운 북한 과학자들은 원자로의 용량을 2메가와트에서 5메가와트, 7메가와트로 차츰 늘려 갔어. 원자로 용량이 커질수록 생성되는 핵물질이 늘어나고 그 결과 더 많은 핵무기를 만들 수 있다는 점을 생각해 보면 북한의 핵무기 기술은 아주 오래전부터 발전하고 있었다는 말이지.

소련 사람들이 북한에 와서 교육했지만 북한도 수백 명이나 되는 학자들을 소련에 보내 훈련받게 할 정도로 열성적이었어. 이 중 핵물리학자 최학은 나중에 원자력공업부장으로 임명돼서 300명에 달하는 핵 기술자들을 지휘했지. 과학연구센터 건설이 끝나 북한에 파견됐던 소련 과학자들이 본국으로 귀환한 1965년 이후에도 소련은 북한에게 핵연료를 제공해 주는 등 두 나라 간의 협력은 계속됐어.

이후 1970년대에 접어들면서 북한은 연구용 원자로의 출력을 키우는 기술을 개발했지. 그리고 1990년대에는 핵연료 재처리 기술을 확보하는 등 꾸준히 발전하는 북한을 본 소련은, 북한을 도와주면서도 한편으로는 혹시 자신들이 제공한 기술을 응용해 무기를 만드는 데 사용하지 않을까 불안했지. 때문에 소련은 북한을 1974년에는 IAEA, 1985년에는 NPT에 가입시켰어.

김일성이 처음부터 핵무기를 개발할 생각으로 핵 관련 기술을 개발했는지, 아니면 다른 의도를 갖고 있었는지는 정확하지 않아. 다만 1980년대에 들어서면서 북한의 경제력이 한국에 비해 뒤처지면서 체제 경쟁에 밀리자 생각이 조금씩 바뀌기 시작한 것 같아. 또 1983년 중국(당시에는 중공이라고 불렀어) 여객기가 강원도 춘천에 있는 미군 기지에 비상착륙한 사건(중공 여객기 불시착 사건)을 계기로 한국과 중국이 가까워졌고, 소련의 고르바초프가 페레스트로이카라고 불리는 개혁 및 개방 정책을 펼치면서 소련과 서방 세계와의 화해 무드가 조성되자 불안해진 김일성은 핵무기에 관심을 가진 것 같아.

이후 소련이 붕괴하고 중국과 러시아가 한국과 수교하자 북한의 불안은 극도로 커졌어. 이보다 조금 앞선 1988년, 북한은 소련으로부터 일방적으로, 앞으로는 무기를 제공하지 않겠다는 통보를 받았고 다음 해인 1989년에는 북한과 같은 사회주의 체제를 유지하던 루마니아의 독재자 차우셰스쿠가 루마니아 민주화 혁명으로 처형당하는 것을 목격해. 고립감을 느낀 북한은 체제를 유지하려면 가성비 좋은 핵무기를 확보해야 한다는 결론에 도달했을 거라는 견해가 지배적이지.

1989년 10월, 미국의 첩보위성은 영변에서 북한이 핵무기를 개발하고 있다는 흔적을 발견했다고 의혹을 제기해. 그동안 여러 구실을 대며 IAEA의 사찰을 피해 왔던 북한은 더 이상 거부할 수 없었고 1992년에는 사찰을 받겠다고 통보했지. 왜 그랬을까? 이를 두고 핵무기를 만들기 위한 시간 벌기용이라는 해석과 외교적 고립, 자연재해, 경제 파탄으로 위기에 몰린 김일성이 핵무기를 포기하고 외부로부터 도움을 받으려 했다는 해석이 있어.

어느 쪽이 맞는지는 확실하지 않지만 북한은 1990년대 들어서 외교적 위기와 식량난을 겪자 북미 협상을 시작했음에도 핵무기 개발을 멈추지 않았어. 그러나 1994년 7월, 북한의 김일성이 심장마비로 갑자기 사망하자 그해 10월, 스위스 제네바에서 북한 핵무기 개발을 중지하고 대가를 받기로 합의해.(북미 제네바 합의) 북한이 핵무기 개발을 멈추는 대가로 국제사회는 보통의 물을 감속재로 사용하는 경수로 원자력 발전소와 화력 발전의 원료인 중유를 제공한 거지. 완전한 핵 폐기가 아니라 잠시 중단이었지만 북미 사이에 이루어진 최초의 핵 합의라는 점에서 의의가 있었어.

이렇게 어렵게 첫 번째 합의가 이루어졌지만 평화는 오래가지 못해. 2002년 10월 평양을 방문한 미국의 제임스 켈리

특사가 북한이 비밀리에 농축 우라늄 핵무기 개발을 하고 있는 게 아니냐는 의혹을 제기하자 북한은 제네바 합의의 파기를 선언하고 다시 핵무기 개발에 착수할 거라고 선포했어. 이어서 2003년에는 NPT도 탈퇴하고 2005년에는 핵무기 보유를 주장하면서 다시 한 번 국제사회의 주목을 받게 되지.

이후 2005년 9월 베이징에서 한국과 북한 외에도 한반도 주변에 있는 미국, 중국, 일본, 러시아 등 6개국이 여러 번 협상을 진행한 뒤 또 한 번의 의미 있는 합의에 도달했어. 이들은 '북한 비핵화를 위한 6개국의 공동 선언문'을 발표하면서 북핵 문제 해결의 가능성을 보여 줬는데, 이번에도 합의는 오래가지 않았어. 미국이 북한에 대해 금융 제재를 가하면서 비핵화 협상은 다시 표류했고, 북한은 2006년 10월 9일, 드디어 첫 번째 핵실험에 성공하지. 이후 2017년 9월까지 총 여섯 차례의 핵실험에 성공한 북한은 핵탄두를 실어 나를 수 있는 중장거리 미사일 개발에도 성공하면서 핵무력 완성을 선언하기에 이르렀던 거야.

지금까지 말한 내용을 한번 정리해 보면, 북한은 아주 오래전부터 핵무기를 개발하려 했고 미국을 비롯한 여러 나라의 견제와 국내 경제의 악화도 감수하면서 일을 진척시켜 왔어. 그럼 이렇게 천신만고 끝에 핵무기를 개발한 북한은 어떻게 활용했을까? 북한은 정말로 처음부터 핵무기 개발을 목표로 해 왔던 걸까? 아니면 리비아처럼 핵무기를 개발한다고 나서다가 미국이나 한국으로부터 포기의 대가를 받아 내려 했을까?

이 질문의 의도는 북한이 정말 핵무기를 끝까지 보유하려 했는지, 아니면 단순히 협상을 유리하게 이끌기 위해 가졌는지에 대한 질문으로 정리할 수 있어. 북한이 핵무기를 가지려던 가장 큰 이유는 미국의 대북 적대 정책, 즉 미국의 공격 위협으로부터 살아남기 위함이야. 평소 북한이 대외적으로 주장하는 바와 크게 다르지 않아. 외국의 방해와 제재, 어려운 경제 상황이라는 이중고 속에서 막대한 비용을 쏟으며 핵무기를 개발했던 것은 그만한 이유가 있었지. 때문에 북한이 핵무기 개발을 시작한 건 아주 오래전이지만, 본격적인 개발에 집중한 시기는 1990년대라고 보는 게 맞아.

자, 지금까지의 상황을 시간순으로 정리해 보자. ① 1980

년대부터 한국의 경제력이 북한의 그것을 추월하고 그에 맞춰 한국의 군사력도 강해져. ② 그리고 1983년에는 북한의 우방국이자 한국의 적대국이었던 중국이 한국과 교류관계를 맺지. ③ 그리고 1990년대에 접어들면서 루마니아를 비롯해 북한과 수교한 동구권의 여러 나라가 무너지고 급기야 큰형님인 소련이 무너져. 북한 입장에서 생각하면 어떤 말이 생각나겠니? 사면초가가 생각나지 않을까? 이제 북한이 왜 식량 증산이나 경제 개발 같은 문제를 뒤로 미루고 핵무기 개발에 열을 올렸는지 이해되지?

2017년 북한은 중장거리 미사일을 쏘아 대며 연이어 미국을 위협했고, 트럼프 대통령과 김정은 위원장 사이에 이어진 설전으로 북미관계는 최악으로 흘렀어. 미국은 미국 내 강경파의 주장에 따라 군사행동을 언급했고 코피 작전(Bloody Nose Strike)°이라는 구체적인 계획까지 나왔지.

사실 이 주장은 최근에 나온 개념이 아니라 1차 핵 위기가 있던 1994년에 이미 나온 것을 재탕한 거야. 북한과의 협상

● 코피 작전이란 상대편을 제압하기 위한 군사행동으로, 상대가 전의를 상실하도록 충격이 클 것으로 예상되는 목표물을 몇 개 설정해 선제공격한다는 개념이야.

도중 북한 대표가 "여기서 서울이 멀지 않습니다. 전쟁이 일어나면 불바다가 되고 말아요"라는 서울불바다 발언으로 남북관계가 험악해지자 미국은 영변 핵시설에 대한 공격을 고려했어.

하지만 코피 작전은 예나 지금이나 성공 여부에 회의를 느끼는 의견이 많아. 코피가 난다고 싸움이 멈출까? 오히려 더 큰 싸움으로 번지는 건 아닐까? 게다가 1994년과 달리 지금은 북한이 핵무기를 가지고 있잖아. 때문에 북한은 미국이나 한국으로부터 공격받으면 핵무기를 사용한 전면적 보복을 할 수 있다는 점에서 매우 위험한 주장이야.

그럼 북한은 어떤 생각을 하고 있었을까? 우리야 북한이 동북아의 깡패, 문제아라고 생각하지만, 북한은 북한 나름대로 미국이나 한국에게 어마어마한 위협을 받는다고 느낄 거야. 김일성은 과거 북한 사람들에게 "고깃국에 이밥(쌀밥)을 마음껏 먹게 해 주겠다"고 약속했어. 그런데 있잖아! 북한에게도 가장 중요한 것은 안보, 즉 살아남는 거야.

20세기 말, 북한은 고난의 행군이라고 해서 식량난과 경제난이 겹쳐 수많은 사람이 굶어 죽는 비극을 겪어야 했어. 그런데도 북한이 경제 개발이 아니라 핵무기 개발을 최우선으로 생각한 것은 핵무기로 한국과 대등하거나 한국 위에 서 있

기 위해서였지. 보통 경제력은 곧 군사력이라 해도 과언이 아닐 만큼 경제력이 강할수록 군사력도 강해. 그런데 북한 경제력은 한국 경제력의 40분의 1도 안 되기 때문에 군사력 강화에 쓸 돈이 없어. 북한은 한국과의 재래식 무기 경쟁에서 우위를 점할 수 없었기 때문에 가성비 좋은 핵무기에 모든 걸 걸었지.

그런데 단순히 이것 하나 때문에 북한이 핵무기를 개발한 건 아니야. 핵무기는 국가의 생존과 안보를 보장해 줄 절대무기이기도 하지만, 그와 별개로 국제 외교 무대에서 존재감을 과시하고 큰소리칠 수 있는 수단이라고도 생각해. UN 안전보장이사회 상임이사국인 미국, 러시아, 중국, 영국, 프랑스 이렇게 5개국은 국제사회에서 합법적 핵보유국˚으로 인정받고 있어. 또 인도, 파키스탄, 이스라엘 같은 나라들도 국제사회가 인정하고 있지는 않지만 핵무기 보유를 주장하고 있고, 그 이유 하나만으로 국력에 비해 더 큰 목소리를 낼 수 있다는 측면이 있지. 때문에 세계에서 가장 못사는 나라 중 하나인 북한이 핵무기를 보유했다는 이유 하나만으로 세계에서 주목

● 이들은 모두 Permanent members(영구적 일원)이고 P5라고 해.

을 받고, 세계 최강이라 불리는 미국 대통령과도 대등하게 정
상회담을 가질 수 있는 거야.

나보고 로켓맨이라고? 내 입장이 돼 봐!

아까 한국의 경제력은 북한을 월등히 뛰어넘었다고 했지?
구체적인 수치를 따져 보면 2017년 기준으로 한국의 국민총
소득(약 1730조 원)은 북한(약 37조 원)의 40배 이상이야. 같은
해 한국의 국방비 총액(약 40조 원)만으로도 북한의 국민총소
득을 넘어섰지. 게다가 한국은 세계 최강 미국과 동맹관계를
맺고 있으니 북한으로서는 위협을 넘어 공포를 느낄 만하겠
지. 특히 같은 해 2017년 트럼프 대통령은 UN에서 김정은을
가리켜 '로켓맨'이라고 불렀고 북한을 완전히 쓸어버리겠다는
식으로 말하기도 했어.

이에 대해 북한의 외무상(북한의 외교부 장관) 리영호가 '늙다
리 트럼프의 개 짖는 소리'라며 맞받아쳤지만 속으로는 엄청
나게 겁먹었을 거야. 북한이 핵무기를 가졌다고 해도 미국을
상대로 싸움을 걸 정도의 능력은 없으니까. 하지만 미국 본토
에 타격을 입히는 대신, 가까운 한국의 주민과 미국인들을 인
질로 잡는다면 적어도 미국이 북한을 함부로 공격할 수는 없
을 거라는 계산이었어. 이게 북한이 핵무기를 활용하는 첫 번

째 방법이야.

살아남을 수만 있다면 미치광이라도 되겠어

그럼 두 번째 활용법은 무엇일까? 앞에서 핵무기를 가지고 있다면 국제무대에서 큰 목소리를 낼 수 있다고 했지? 핵무기는 국제무대에서 국력 과시나 외교적 협상 카드로 사용할 수 있다는 특징이 있어. 북한의 이러한 핵무기 위협 전략을 두고 '미치광이 전략'이라고 부르기도 해. 북한이 이성을 갖춘 정상적인 나라이기보다는 스스로 미치광이처럼 행동한다는 거야.

북한이 미치광이처럼 행동하면 주변국들은 전쟁만큼은 막아야 한다는 생각에 북한의 요구가 터무니없더라도 들어줄 수 있지 않을까? 때문에 북한은 이를 알고 의도적으로 위협과 도발을 이어 간다는 이야기지. 북한이 핵을 가지고 있지 않다면 세계 최강 미국이 대등한 입장에서 북한과 정상회담을 하거나, 체제 경쟁에서 완승을 거둔 한국이 북한에 협력을 요청할 리 없다는 주장에 대해 생각해 볼 필요가 있어. 때문에 핵무기를 가졌을 때의 효과를 누구보다 잘 아는 북한의 고위층들은 핵무기에 의존하는 거지.

가끔 뉴스를 보면 북한이 미사일을 쐈다는 이야기를 듣지?

이와 관련된 재미있는 일화 하나를 보자. 과거 김정일의 전속 요리사였고 일본으로 도망친 뒤 김정은 위원장의 초청을 받아 평양을 재방문한 후지모토 겐지라는 사람이 있어. 그는 베일에 싸인 북한 최고 권력자의 사생활을 많이 알고 있었고 이를 두고 책을 쓰고 인터뷰에 응해 유명해진 사람이야. 김정은 위원장은 그와 저녁을 먹으면서 미사일 도발에 대한 이야기가 나오자 "전쟁할 생각은 없다. 울컥해서 미사일을 쏘는 것이다"라며 말했다고 해. 여기서 우리는 북한이 핵과 미사일을 개발한 목적의 한 면을 읽을 수 있어.

내가 이러고 싶어서 이러는 줄 아니?

세 번째로 북한은 심각한 경제난에서 벗어나기 위한 지원을 받기 위한 용도로 핵무기를 활용해. 앞에서 북미 제네바 합의 때 북한이 핵무기 개발을 멈추는 대가로 발전소를 제공받기로 했다는 이야기 기억하지? 핵실험을 이어 가거나 미사일을 발사하는 것을 통해 미국이나 한국을 위협하면서 경제적인 보상을 받는 거지.

지나친 폐쇄 정책으로 일관한 아버지 김정일 국방위원장에 비하면 김정은 위원장은 어느 정도 개혁과 개방을 생각하고

있어. 특히 선군정치, 즉 군사력 증강을 최우선으로 했던 과거와 달리 경제 개발을 중요하게 여기지. 그래서 핵무기 포기를 조건으로 많은 보상을 받아 경제를 일으키겠다고 생각하는 거고.

물론 이런 전략은 북한이 처음으로 생각한 건 아니야. 앞에서 이야기했듯이 많은 핵무기 개발 국가가 핵무기 포기를 조건으로 경제적 보상을 얻어 냈어. 여기에는 선후 문제가 있는데, 미국은 북한에게 먼저 핵무기를 포기하라고 하고, 북한은 일부라도 먼저 경제적 보상을 얻으면 핵무기를 포기하겠다며 줄다리기를 하고 있지.

쉿! 쉿! 조용히 해!

마지막으로 북한은 북한 주민들을 단결키는 데 핵무기를 활용하고 있어. 국민이 국가의 주인인 우리와 달리 북한은 1인 독재체제로 이루어진 독재국가이며 이 체제는 3대를 이어 왔어. 독재체제는 국민을 감시·협박함으로써 체제를 유지하는데 주민들의 불만이 높아져서 반란이라도 일어난다면? 반란이 일어나 루마니아의 차우셰스쿠나 리비아의 카다피처럼 시민에 의해 처형당한 독재자들의 사례를 생각하면 북한은 더욱더 주민들을 단속해야 한다고 생각했어.

북한이 김일성-김정일-김정은으로 이어지는 3대 세습 체제를 완성할 수 있었던 요인 중 하나는 백두혈통이야. 백두혈통이란, 김일성의 피를 이어받은 자손들을 특별 우대하는 용어라고 보면 돼. 북한은 신라의 골품제도® 같은 백두혈통을 근거로 세습을 정당화했고 그것은 오늘날까지 이어지고 있어.

그런데 1990년대에 접어들면서부터 소련을 비롯한 동구권 사회주의 국가의 몰락으로 북한이 외교적으로 고립돼. 또 식량 및 에너지 지원이 끊겨 위기를 겪은 뒤부터 김정일과 김정은은, 지도자로서 백두혈통 말고도 다른 무언가를 확실하게 보여 줘야 했어. 그중 하나가 경제 발전이고, 다른 하나는 핵무기 개발에 따른 안보 보장이야.

실제로 2017년 말, 김정은 위원장은 북한 주민들을 대상으로 '핵무력 완성'을 선언하며 핵무기 개발 완료로 안보가 보장되었으니 이제 전쟁 걱정은 그만두고 생업에 종사하라는 연설을 한 적이 있어. 아까 총 여섯 차례의 핵실험이 있었다고 했잖아? 실험이 성공할 때마다 북한은 대규모 군중대회를 열

● 신라의 신분제도로 국가의 구성원을 각각 넓은 의미의 왕족인 성골-진골, 귀족인 6두품-5두품-4두품, 평민으로 나누었어.

어 자축하는 행사를 열었던 것을 생각하면, 북한은 핵무기를 보유한 강성대국*이라는 점을 강조하며 주민의 안보 걱정을 덜어 주고 정권에 대한 불만을 무마하는 데 핵무기를 사용했지.

지금까지 북한이 대내외적으로 핵무기를 어떻게 활용해 왔는지 알아봤어. 그런데 혹자는 북한이 적화통일을 꿈꾸며 핵무기를 개발하고 사용할 것이라는 주장도 펼치지. 핵무기를 가지고 미국을 위협해 미국이 한국을 돕지 못하게 하거나 한국에 주둔해 있는 미군을 본국으로 철수시키면 북한이 꿈꾸는 통일이 가능하다는 이야기지. 물론 그런 생각을 할 수는 있지만 가능성은 거의 없다고 봐. 앞에서도 말했지만 남북의 군사력 차이로는 북한이 아무리 핵무기를 가지고 있다고 하더라도 이기기는 어려워. 게다가 미국이 한국 땅에 있는 자국민을 위해서라도 한국이 당하는 것을 그냥 보고만 있을 가능성은 거의 없으니까 말이야.

● 김일성은 북한 주민들을 대상으로 '지상락원'과 '강성대국'이라는 용어를 사용하면서 북한은 모두가 배불리 먹고 따뜻한 옷을 입고 좋은 집에 살면서 전 세계에서 아무도 건드리지 못하는 강력한 힘을 가진 나라라고 주장했어.

식량난을 해결하지도 못하고 외교적으로도 고립돼서 우방국도 별로 없는 북한이 과연 세계 최강 미국을 위협한다는 게 가능할까? 경제력이나 군사력을 종합한 수치를 기준으로 순위를 매기면 미국은 세계 1위이지만 북한은 180위에 불과한데 말이야. 그런데 한반도에서만큼은 상식적으로 불가능한 일이 일어나기도 해.

먼저 미국이라도 전쟁을 일으키지 못한다는 점이 있어. 제1차, 제2차 세계대전을 비롯해 6.25전쟁, 베트남전쟁, 이라크전쟁, 아프가니스탄전쟁을 수행해 온 미국은 대부분의 전쟁에서 승리했지. 그만큼 세계의 패권을 차지한 나라로서 평화를 수호하는 세계의 경찰을 자처했고, UN을 포함한 국제기구들을 창설하고 전쟁을 막아 왔음을 늘 자랑해 왔어. 때문에 그런 미국이 국제사회로부터 비난받을 만한 전쟁을 일으키기는 쉽지 않아. 대량살상무기라는 있지도 않은 존재를 만들어 이라크를 침공했던 이라크전쟁 때 대부분의 나라는 전쟁에 명분이 없다며 미국의 참전 요구를 거절했어. 그래서 북한이 한국을 공격하거나 미국인의 생명을 해치는 행위를 하지 않는 한 미국이 먼저 전쟁을 일으키기는 어렵다는 거야.

또 한국에는 30만에 이르는 미국인들이 항상 머무르고 있다는 점이 있지. 3만 명에 가까운 주한미군과 8만 명에 해당하는 가족, 그리고 사업이나 관광 등을 목적으로 한국에 머무르는 사람들인데, 미국과 북한 사이에 전쟁이 일어난다면 미국이 승리한다는 것은 자명하지만 그 과정에서 한반도는 쑥대밭이 될 거고 미국인들의 피해도 크겠지.

이렇게 한국인들과 한국에 있는 미국인들을 대상으로 취하는 북한의 전략을 인질전략이라고 해. 전쟁이 일어나면 막강한 군사력을 가진 미국은 북한을 상대로 승리하겠지만, 미국의 피해도 적지 않을 테지. 상처뿐인 승리를 '피로스의 승리'라고 하는데 북한과의 전쟁에서 승리한 미국의 모습이 바로 이것일 거야. 게다가 미국인들이 많이 머무는 일본도 한국만큼은 아니겠지만 한국과 가까워서 인질이 될 만한 입장이기에 북한의 공격 대상이 된다는 것은 분명할 거야. 또 미국까지 날려 보낼 수 있는 미사일도 개발이 완료됐기 때문에 미국이 먼저 전쟁을 일으키기는 어려워.

가장 좋은 전쟁은
일어나지 않는 전쟁

모든 사람은 전쟁이 나쁜 것이고 일어나서는 안 된다고 생각해. 우리도 6.25전쟁으로 수많은 사람이 죽고 같은 민족이 따로 떨어져 살아야 하는 비극을 겪었어. 때문에 우리는 이 땅에서 전쟁이 일어나지 않게 막아야 해. 한국은 '한강의 기적'이라는 말이 있을 정도로 세계 역사에서 찾아보기 힘들 정도로 보기 드문 경제발전을 이룩한 나라잖아? 이렇게 어렵게 성공을 이룩한 나라에서 전쟁이 일어난다면 공든 탑이 무너지는 비극을 맞게 될 거야.

영국의 철학자 토머스 홉스(Thomas Hobbes, 1588~1679)는 전쟁, 갈등, 범죄를 막기 위해서는 이를 일으켰을 때 이익보다 손해가 더 크게 만들어야 한다고 했어. 전쟁을 일으켜도 내 손해가 더 크다는 점을 알게 하면 전쟁은 일어나지 않는다는 뜻이야. 이런 것을 '억지이론'이라고 하는데, 이것은 전쟁에서 승리를 거두기보다 전쟁 자체를 일어나지 않게 막는 것을 말해. 우리가 강력한 군대를 유지하고 첨단 무기를 사들이는 것도 전쟁을 억지하기 위한 것이고 미국과 동맹관계를 유지하는 것도 억지의 한 방법이지.

억지의 수단에는 먼저 재래식 무기 활용이 있어. 더 많은 병력, 더 정교한 포탄, 더 빠른 전투기 등이 그것이지. 그럼 핵무기로도 억지가 가능할까? 아주 불가능하지는 않겠지만 재래식 무기의 억지와는 조금 달라. 다다익선이 성립하는 재래식 무기와 달리 단 한 방으로도 무시무시한 위력을 내는 핵무기의 특성을 생각하면 핵무기의 숫자와 억지력은 비례하지 않아. 핵무기의 위력이 너무 강해서 군이 비교할 필요가 없기 때문이지. 때문에 생기지도 않을 억지력을 위해 군이 핵무기를 가져야 할 필요도 없고, 한반도의 긴장을 높이기보다 북한이 가진 핵무기를 없애서 전쟁 위험도를 낮추는 게 훨씬 좋은 방법일 거야.

김정은 위원장은 2013년에 들어서면서 핵·경제 병진노선을 강조했어. 핵무기를 만들면 재래식 무기를 만드는 데 드는 예산을 절약할 수 있고, 그렇게 절약한 예산을 경제발전에 투입하겠다는 것이지. 그리고 2017년 말 핵무기 개발이 완료되자마자 김정은 위원장은 다음 해인 2018년 4월에 핵·경제 병진노선을 경제건설 노선으로 전환하며 경제 개발에 총력을 기울이는 쪽으로 정책을 바

꿨어.

그렇다면 북한의 핵전력은 어느 정도일까? 보유한 핵무기는 몇 개나 될까? 미국 본토까지 날아갈 수 있는 핵무기를 실을 수 있는 미사일을 개발했을까? 스웨덴의 스톡홀름국제평화연구소는 20~30개라고 보았고 영국 정보부는 60~100개라고 발표했지만 정확한 숫자를 아는 사람은 김정은 위원장밖에 없겠지. 전 세계에 있는 핵무기 1만 4000개에 비하면 북한의 보유량은 얼마 되지 않지만, 원재료인 플루토늄과 농축 우라늄인 핵물질을 생산하고 있고 한반도라는 특수한 성격을 생각하면 숫자가 적더라도 결코 가볍게 볼 수는 없을 거야.

그런데 2018년에 희망이 생겼어. 북한의 김정은 위원장은 핵실험과 미사일 발사 실험 중지를 선언하며 협상을 통한 비핵화의 뜻을 내비쳤거든. 이어 4월 판문점에서 열린 제1차 남북정상회담과 6월 제1차 북미정상회담(싱가포르회담)에서 조건부 비핵화 가능성을 열었지. 물론 북한의 비핵화 의지에 대한 수많은 의문과 의심이 있었지만, 그래도 협상은 꽤 성공적이었어. 그러나 해가 바뀐 2019년 2월 열린 제2차 북미정상회담(하노이회담)은 결렬돼. 김정은 위원장은 기차에 올라 평양에서 하노이까지 66시간을 달려갔지만, 북한의 조건에 만족하지 못한 트럼프 대통령이 협상장을 박차고 나가 버리는 바람에 희망은 무참히 사라져 버렸지.

　큰 충격에 빠진 김정은 위원장은 4월 연설에서 "미국이 세계 앞에서 한 자기의 약속을 지키지 않고 제재와 압박으로 나간다면 새로운 길을 모색하지 않을 수 없게 될 수도 있다"며 상경한 모습을 보였어. 즉, 미국이 양보하지 않으면 비핵화 협상은 없던 일로 넘기고 다시 핵실험과 미사일 발사 실험을 재개하겠다는 내용이 담긴 경고였지. 이렇게 북한의 비핵화가 봉착에 빠지자 한국과 미국의 대북 강경파들은 기다렸다

는 듯이 '북한은 처음부터 비핵화를 할 생각은 전혀 없었고 핵무기의 성능을 업그레이드하고 제재를 피하려고 처음부터 사기를 친 것'이라는 주장을 쏟아 냈어.

그들의 주장대로 정말로 북한이 모두를 속였을까? 북한은 정말 핵을 포기할 생각이 없는 걸까? 미국 강경파의 상징인 존 볼턴 미국 전 국가안보보좌관은 제2차 북미정상회담이 결렬되는 데 결정적인 역할을 한 인물이야. 볼턴은 그동안 꾸준히 북한이 결코 핵을 포기하지 않을 것이라고 주장했던 사람

인데, 북한에게 리비아 모델을 요구했어. 그런데 리비아 모델의 당사자인 카다피의 최후가 어땠지? 그래, 시민군에게 붙잡혀 처형됐지. 이 사실을 잘 아는 북한으로서는 볼턴의 제안을 도저히 받아들일 수 없었을 거야. 협상이 결렬되자 트럼프 대통령은 볼턴에게 책임을 물었고 볼턴은 결국 자리에서 물러났어. 이어 볼턴은 트럼프 대통령이 2018년 이후 진행한 협상은 실패했다고 단언하는 등 트럼프 행정부를 강도 높게 비난해. 최근에는 회고록도 출간해서 회담의 실체를 폭로해 트럼프 대통령을 더욱 난처하게 만들었지.

물론 볼턴의 주장이 너무 과격했을지도 몰라. 하지만 그런 볼턴에 동의하지 않은 사람들조차 북한은 결코 핵무기를 포기하지 않을 것이라고 보지. 그동안 북한은 여러 번 약속을 어겼기 때문에 국제사회에서 신뢰를 받지 못한다는 이야기야. 하노이회담 실패 이후 북한은 절대 핵무기를 포기하면 안 되겠다는 결정을 했을지도 몰라. 그러나 정말로 그럴까? 2018년의 비핵화 대화(판문점회담, 싱가포르회담, 하노이회담)들이 전부 거짓말이라든가, 지난 30년간 북한은 단 한 번도 핵을 포기할 생각이 없었다는 주장은 동의하기 어려워.

그리고 김정은 위원장은 무조건 핵무기를 포기하겠다고 말한 적은 한 번도 없어. 몇 가지 조건을 달아 놓았지. 북한 입

장에서는 핵무기를 포기함으로써 많은 보상을 받을 수 있다면 핵무기를 포기할 수 있다는 의미였어. 그런데 우리는 늘 북한이 잘못했으니 북한은 무조건 핵무기를 포기해야 하고, 북한이 조금이라도 지체하거나 망설이면 이를 두고 약속을 지킬 생각이 없었다고 결론을 내려. 북한이 신뢰를 잃다 보니 이제는 북한이 거짓말을 해도 당연한 일이고 진실을 말해도 거짓으로 단정하지.

그러나 그렇다고 해서 현재의 대치 상태가 계속되는 게 과연 올바른 일일까? 북한이 핵무기로 우리를 위협하는 상황을 그대로 받아들일 수는 없잖아. 그렇다고 군사력을 동원해 북한을 점령하자는 것은 아니야. 재래식 무기만 가지고 비교하면 한국이 북한보다 월등히 우세하지만 전쟁이 일어나면 적이 않은 군인과 민간인 사망자가 나오고 건물이 파괴되는 등 그 피해는 무시하지 못해. 그래서 지금 우리에게 필요한 것은 **협상을 통한 비핵화**야. 물론 북한의 요구를 모두 들어줄 수는 없지만 하나도 들어주지 않고 핵무기만 포기하라는 것 역시 비현실적인 주장이지.

사실 지난 30년 동안 남·북·미의 비핵화 협상은 강경책과 유화책을 가리지 않고 거의 모든 방법을 동원해서 이루어졌어. 하지만 크게 진전되지 못하고 답보 상태에 머물러 있었는데, 2018년부터 시작된 한반도 평화 프로세스는 이전까지의 과정과 대비돼. 무엇보다 협상의 주체가 최초로 국가 정상에 의해 진행되었다는 점이 눈에 띄어. 특히 1인 지배 체제를 유지하는 북한에게 가장 기대를 걸 만한 일이었지. 70년 동안 쌓인 북한과 미국의 서로를 향한 적대적 감정과 불신을 하루아침에 풀 수는 없었지만 정상 간의 담판은 지금까지 협상과는 차원이 다르니 가능할지도 모른다는 기대를 하게 했어.

앞에서 소개했던 현실주의 관점을 다시 한 번 되짚어 보자. 현실주의적 관점은 상대를 믿지 못한다는 것에서부터 시작해. 누구나 평화가 좋다는 것은 알지만, 서로 간에 신뢰가 없기 때문에 핵무기를 포함한 군비 경쟁에 나서는 거지. 영화에서도 이런 장면은 자주 봤을 거야. 대립하는 두 사람이 서로 총을 겨눈 채 대치하다가, 동시에 총을 내려놓자고 합의한 뒤 그 말에 따라 내려놓지. 하지만 둘 중 한 명이 숨겨 놓은 총을 꺼내 상대를 향해 쏘고 자기 혼자만 살아남는 장면, 한 번쯤

은 본 적 있지? 이게 북한과 미국 사이의 관계를 요약한 모습이야. 때문에 두 나라가 대화를 통해 평화적인 비핵화에 이르기 어려운 것과 아주 비슷하지. 미국은 북한이 먼저 핵무기를 포기해야 믿음이 생긴다고 말하고, 북한은 핵을 내려놓을 수 있을 만한 믿음을 보여 줘야 핵무기를 포기할 수 있다는 거지.

　이 생각의 차이는 아주 커서 특단의 조치가 아니라면 메우기 어려울 정도야. 여기서 놓치기 쉬운 사실 중 하나는, 강대국과 약소국의 관점이 다르다는 거지. 강대국은 약소국에 의해 속아도 망하지는 않지만, 약소국이 강대국에게 속는다는 것은 곧 죽음을 야기한다는 것을 의미하기 때문에 약소국은 강대국이 느끼지 못할 절박함을 갖고 있어. 특히 카다피의 죽음을 목격한 북한으로서는 자기는 착하니까 약속을 믿으라는 미국의 말이나, 비핵화 이후의 장밋빛 미래를 보장할 테니 먼저 핵을 포기하라는 주문을 믿기 힘들어. 그래서 강자인 미국의 통 큰 양보가 없다면 비핵화는 힘든 일이야.

4

우리나라는 왜 핵무기를 개발하지 않을까?

능력은
충분해

우리나라는 세계 유일의 분단국가이자 보기 드물게 징병제를 유지하는 등 그 어느 나라보다 군사적 긴장이 심한 나라야. 이렇게 항상 북한을 의식해야 했기 때문에 1970년대부터 우리나라도 핵무기를 개발해야 한다는 주장이 계속 되었어. 그러다 북한과의 관계가 좋아지면 잠잠해지고, 나빠지면 목소리가 커지는 등 상황에 따라 달라졌지. 때문에 북한이 핵무력 완성을 선언한 2017년 이후에는 우리도 핵을 만들어야 한다는 주장이 힘을 받았지.

우리나라가 핵무기 개발에 뛰어든 결정적인 계기는 아무래도 베트남전쟁이지. 당시 대한민국의 안보는 전적으로 주한미군에 의지하는 형태였어. 미군을 제외하면 한국의 군사력은 북한에 비해 열세였는데 베트남전쟁에서 패하고 철수하는 미군을 보며 주한미군도 상황이 어려워지면 언제든 한국을 버리고 떠날 수도 있다는 불안감이 팽배했거든. 그래서 박정희 대통령은 자주국방을 위한 방위산업을 강화하는 한편, 핵무기 개발을 모색했어.

1970년에는 국방과학연구소가 이런 목적을 띠고 설립되어 국산 무기의 개발, 그중에서도 미사일 연구를 시작했고 1973년부터는 비밀리에 핵무기 개발을 시작했지. 현재 대전광역

시에 있는 한국원자력연구원은 원래 핵무기 개발을 위한 시설이었다고 해. 서울 연구소에서는 원자력 발전에 관련된 연구를 진행했고, 대전 연구소에서는 핵무기 개발을 진행하는 식이었지. 1973년에는 원자력 발전소의 국산화 필요성 연구라는 이름하에 캐나다로부터 40메가와트급 연구용 원자로를 들여와 연구를 진행하고 프랑스와 벨기에의 도움을 받아 핵연료 개발에도 착수한 기관이야.

그런데 1974년 5월에 시행한 인도의 핵실험으로 국제사회의 여론은 완전히 달라졌어. 캐나다는 인도의 핵실험에 자국 원자로가 사용되었다는 이유로 한국에도 더는 원자로를 공급하지 않겠다고 결정했지. 또한 미국은 한국과 프랑스에 압력을 가해 계약을 포기하도록 종용했을 뿐 아니라 한국이 핵무장을 위한 모든 계획을 철회하고 1968년에 서명한 NPT를 발효하고 IAEA의 감시를 받으라고 압박했지. 당시 우리나라는 고리 2호 원자력 발전소 건설을 위한 차관을 제공받고 있었는데, 미국은 만약 미국의 뜻에 따르지 않으면 차관 제공도 중단하겠다고 했어.

미국의 이런 요구에 따라 이후 1970년에는 NPT가 발효되고 국제사회의 압박이 가해지면서 정부의 고민은 깊어졌지. 할 수 없이 박정희 대통령은 결국 미국의 압력에 따라 1977

년 핵무기 개발을 포기하지. 대전 연구소 역시 그동안의 핵무기 개발을 중단하고 원자력 발전 및 안전에 관한 연구로 돌아섰어.

1998년 공개된 미국 비밀 외교문서에 따르면, 당시 미국 정부는 향후 10년 이내에 한국이 핵무기 개발에 성공할 것이라고 예상했고, 이를 막지 않으면 일본과 북한도 핵무기 개발에 몰두할 거라고 경고했어. 이른바 핵무기 개발 도미노 현상이라는 거지. 그래서 한국의 핵무장을 필사적으로 막으려 한 거야. 당시 미국은 한국에게 핵무기 개발을 포기하라고 채찍만 가한 게 아니라 핵무기 개발을 포기할 경우 단거리 미사일과 재래식 무기 개발을 허용하는 등 당근도 제공하려 했지.

박정희 대통령이 암살당한 뒤 혼란을 틈타 쿠데타로 집권한 전두환 정부는 부족한 정부 수립의 정통성을 미국의 지지를 얻어 메우려 했어. 때문에 거래의 일환으로 미국 정부의 요청에 따라 핵무기 개발 프로그램과 관련된 모든 문서를 없앴지. 노태우 정부 역시 1991년 북한과 '한반도 비핵화 공동 선언'을 발표하고 미국이 한국에 설치한 전술핵을 모두 철수시킨 이후 비핵화의 길을 걸어 왔어. 북한이 핵을 가지면 우리도 핵을 가지겠다는 게 아니라 우리가 핵무기를 가지지 않는 것처럼 북한도 핵을 가지지 말라는 정책이었지.

핵무기를 보유한 국가는 앞에서 언급한 것처럼 9개국이지만, 전 세계 패권을 유지하고 싶은 미국의 핵무기 전략은 다른 나라와 많이 달라.

무엇보다 미국의 핵무기 전략은 다른 나라처럼 자국에 대한 핵무기 공격을 막는 데에 그치지 않고 전 지구를 대상으로 해. 미국은 정식으로 조약을 맺은 유럽과 아시아의 30여 동맹국과 우방국들에게까지 핵무기 억지를 요구하는 핵 확장 억지 전략을 고수하고 있어. 이것은 미국의 동맹국이나 우방국을 누군가가 핵무기를 갖고 위협하거나 공격하면 미국이 가진 핵무기로 보호한다는 개념이야.

이 전략은 핵우산과 함께 성립하는데, 사실 핵우산을 어떻게 실시할지에 대해 공식적으로 규정해 문서화한 것은 없어. 때문에 명확한 규정이 없으니 핵무기를 보유하지 못하는 위기 상황에도 동맹국이 약속을 지킬 것인가 걱정하는 것도 당연하지. 다만 군사동맹이란 동맹국이 누군가에게 공격받았을 때 그 공격을 나에 대한 공격으로 간주하고 싸우는 것을 전제로 하니까 핵우산도 마찬가지의 상호신뢰를 바탕으로 작동하는 거야.

아무튼 펼쳐 내리는 비를 우산이 막듯이 미국의 핵우산은 유럽의 나토 국가들과 한국, 일본, 호주 등 동맹국의 안전 보장을 약속하는 상징이야. 미국은 이렇게 전 세계에 있는 수많은 동맹국과 연계하는데, 호주를 제외한 대부분의 동맹국들은 미국보다 미국과 경쟁관계에 있는 다른 강대국(러시아, 중국 등)과 지리적으로 가까이 있어. 이러한 불리함을 메우기 위해 미국은 동맹국에게 핵우산을 제공하는 거야.

세계 지도를 놓고 살펴보자. 미국을 제외하고 강대국이라고 할 만한 나라는 어디일까? 지금까지 쭉 설명한 러시아, 영국, 프랑스, 중국, 인도 등이겠지. 그런데 이 나라들은 모두 유럽과 아시아를 아우르는 유라시아 대륙에 있고 미국만 따로 아메리카 대륙에 있단 말이야. 세계의 경찰을 자처하는 미국은 세계 곳곳에 자신의 영향력이 미치길 원하지만 유럽이나 아시아나 모두 미국에서 멀리 떨어져 있기 때문에 유사시 미국의 영향력이 제대로 발휘되려면 시간이 필요해. 때문에 미국이 동맹국에게 제공하는 핵우산은 더욱 중요한 외교적 수단이라고 할 수 있지.

핵우산의 또 다른 기능은 타국의 독자적 핵개발을 막는 데 있어. 간단히 요약하자면 '내가 너를 핵우산으로 보호해 줄 테니 딴 마음

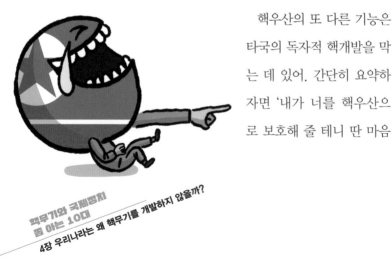

먹지 말고 핵무기 개발에는 손대지 마'와 같은 의미야. 앞에서도 누차 강조했지만 핵무기를 보유하지 못한 나라들은 안보를 위해 절대무기라고 해도 과언이 아닌 핵무기를 보유하고 싶어 하지만 이미 핵무기를 보유한 나라들은 자기를 제외한 다른 나라가 핵무기를 보유하는 것을 원하지 않아. NPT가 인정한 5개국도 모두 같은 심정이고 때문에 핵무기 보유국은 핵우산을 조건으로 동맹국의 핵무기 개발을 막는 거지.

한미 동맹이 만능은 아니야

1953년, 한국과 미국은 한미동맹을 체결하고 공식적인 군사동맹 관계를 맺고 있어. 두 나라 중 한 나라가 안보에 위협을 받으면, 다른 나라는 내 나라 일처럼 생각하고 지원을 약속한 국제협약이야. 특히 6.25 전쟁에서 함께 피 흘리며 싸웠던 기억이 남아 있어서 혈맹*이라고도 하지. 물론 당시 한국과 미국의 국력 차이를 생각하면 거의 일방적으로 미국이 한국을 돕는 것이나 다름없다고 해도 틀린 말이 아니지만, 조약에 '상호'라는 말이 들어가 있듯이 한·미 양국은 원칙적으로 서로를 지원하기로 약속했지.

2016년, 미국은 막대한 국가부채와 중국의 부상 등으로 많은 어려움을 겪고 있었어. 그런데 트럼프 대통령은 이른바 미국 우선주의(America First)**를 내세우며 동맹국에 대한 책임에서 벗어나야 한다는 것을 주장하며 대통령에 당선되었어. 트럼프 대통령은 미국이 일본과 한국의 안보를 위해 많은 부담을 지고 있으니 한국과 일본이 핵무장을 해서 안보를 스스로 책임져야 한다고 주장했고, 한국 정부는 이전보다 방위비 분담금을 더 많이 부담하라고 요구했지. 한국뿐만 아니라 유럽과 일본에도 같은 요구를 했어. 그런데 이런 행보는 한국을 비롯한 동맹국들의 미국에 대한 신뢰를 떨어뜨릴 수 있단 말

이야. 평상시에도 이런데 전쟁 같은 극단적인 상황이 닥친다면 과연 미국이 핵우산 등을 포함한 약속을 지킬 것인지 의구심을 가진다는 의미이지.

하지만 지금까지 정당을 가리지 않고 너나없이 한국의 핵무장을 반대한 미국 정치계나 핵우산을 통해 대표되는 동맹국에 대한 안보 약속은 반드시 지켜야 한다는 것이 미국 내 중론이야. 트럼프 역시 당선된 뒤에는 방위비 분담금 인상 요구를 제외하고 한국과 일본의 핵무장을 언급하지 않았다는 점에서 그때의 발언은 단순히 선거에서 승리하기 위한 전략이었다는 점을 알 수 있지.

사실 미국에게는 이중적인 면이 있다고 생각해. 미국은 제2차 세계대전에서 승리하여 우리가 일본의 35년 압제로부터 벗어나 광복을 맞이하는 데 큰 도움을 주었을 뿐 아니라 북한의 남침으로 일어난 6.25전쟁에 군대와 물자를 보내 지원해 준 나라야. 전쟁 이후에도 국가를 재건하고 경제를 발전시키

● 6.25전쟁 당시 미국은 180만여 명의 병력을 한국에 파견했고 그중 3만 명 이상이 목숨을 잃었어.
●● 미국은 더 이상 세계의 경찰로서 전 세계에서 일어나는 여러 일에 개입하지 않고 자신에게 이익이 되는 일에만 관여하겠다는 의미야.

는 데 차관을 제공하는 등 많은 도움을 주었고 북한의 도발과 위협에 함께 맞서는 모습을 보여 주었지.

하지만 미국은 제2차 세계대전의 전범 중 하나인 일본에게 제대로 된 책임을 묻지 않았어. 또 동북아시아에서 미국의 영향력을 확대하기 위해 전후처리를 두루뭉술하게 해서 일본의 부활을 도왔지. 이 때문에 우리는 일본과 과거사 문제라든가

독도 문제로 대립하는 거고. 미국은 한반도를 자본주의와 사회주의가 맞붙는 최전선으로 만들고 상대적으로 안전한 곳에서 안락함을 누렸지. 게다가 한국의 안보를 보장하고 경제발전을 돕는다는 명목하에 군사정권과 유착했던 과거도 있고, 5.18 광주민주화운동 당시 한국이 군대를 동원해 진압하는 것을 적극적으로 막지 않았던 전례도 있지. 사드 때문에 한국의 여론이 둘로 나뉘어 첨예한 갈등을 빚었던 것에도 책임 있는 자세를 보여 주지 못했다는 오점이 있어.

물론 어느 나라든 자국의 이익을 최우선하는 게 사실이니 미국의 이러한 행보를 이해 못 하는 건 아니야. 또 미국은 우리에게 많은 이익을 줄 우방국이지. 하지만 우리가 너무 순진하게 미국의 이익이 반드시 우리의 이익이라고 생각하기보다는 비판적인 자세로 지켜봐야 하고 냉철하고 실용적인 자세로 접근해야 해.

잠시 한숨 돌리는 차원에서 현재까지의 흐름을 정리해 보자. 북한은 오래전부터 핵무기 개발을 이어 왔어. 미국은 북한을 신뢰할 수 없다는 이유로 북한의 핵무기

개발을 비난했고 북한은 미국이 요구하는 핵무기 포기 요구는 내정간섭이라는 이유로 거부했어. 양측의 갈등은 첨예했고 문재인 정부 이후 두 차례의 남북 정상회담과 두 차례의 북미 정상회담이 있었지만 회담은 결렬됐고 이후 한국·북한·미국을 비롯해 한반도 주변 국가들의 상황은 나아진 게 없지.

현재 우리 정부의 대북정책 기본 방향은, 핵우산 정책을 유지하면서 북한의 비핵화를 이끌어 내는 거야. 뉴스나 신문에서 종종 나오는 햇볕정책●, 한반도 신뢰 프로세스●● 등 여러 정책을 진행했지만 우크라이나, 남아공처럼 북한의 핵무기 폐기를 이끌어 내기란 쉽지 않은 게 사실이지. 때문에 지금까지의 정책들은 모두 실효성이 없으니 새로운 대응이 필요하다는 주장이 일고 있어. 어떠한 주장일까?

새로운 대응이란, 북한의 비핵화는 이제 불가능하니 우리도 북한처럼 핵무기를 가져야 한다는 의미야. 핵무장론이라고 불리는데, 주로 보수 진영에서 북한의 군사적 도발이 있을

● 김대중 정부(1998~2003년) 시절 이솝 우화 〈북풍과 태양〉에서 착안한 정책으로, 행인의 외투를 벗게 한 것은 강력한 북풍이 아니라 따뜻한 햇볕이었던 것처럼 북한에게 강경책만 고수하기보다 부드러운 자세로 나가 마음을 열게 만들어야 한다는 내용을 담았어.
●● 박근혜 정부(2013~2017년) 시절 추진한, 비핵화를 요구하기 전에 대화를 통해 신뢰를 형성한 뒤 남북관계를 개선하겠다는 의미의 정책이야.

때마다 나오지. 현재 우리나라에는 주한미군이 주둔해 있는데, 과거에는 주한미군 기지에 다양한 형태의 핵무기가 배치되어 있었어. 그러다 북한의 핵무기 개발 구실을 없앤다는 명목으로 1991년 모두 미국으로 철수했는데, 핵무장론을 주장하는 이들은 북한이 핵무기 개발에 성공했으니 우리도 핵무기를 재배치해야 한다고 주장해. 게다가 재배치뿐만 아니라 핵무기를 자체 개발해야 한다고까지 말하지.

이들 대부분은 앞에서 이야기한 현실주의적인 관점으로 세상을 바라봐. 국제사회는 아무도 믿을 수 없는 약육강식의 세계, 정글 같은 곳이므로 핵무기를 보유해서 자국의 안보를 보장하는 것을 최우선 과제로 여겨. 경상도보다 작고 인구가 천만 명도 안 되는 이스라엘이 아랍 국가들을 상대로 승리를 거두는 것이나 북한이 세계 최강 미국에게 큰소리를 칠 수 있는 것도 다 핵무기가 있어서 가능하다는 말이야. 약소국일수록 강대국에게 눈 뜨고 당하는 꼴을 보지 않으려면 핵무기로 무장하는 게 가장 좋은 수단이라고 하고.

이들의 주장이 조금 과격하고 전쟁을 바라는 것처럼 들려서 무서울지 모르지만 무조건 잘못되기만 한 건 아니야. 애당초 누구는 핵무기를 보유해도 되고 누구는 안 된다는 법은 없잖아. 공정함이라는 관점에서 보면 말이 안 되고. 하지만 이들의 말에 따라 우리나라가 핵무장을 하면, 먼저 북한에게 비핵화를 요구할 명분이 없어지고 전쟁 위험도가 높아진다는 문제가 있어. 게다가 한국은 NPT를 준수하고 지지하는데 북한처럼 NPT를 탈퇴하고 핵무장을 시작한다면 북한과 똑같은 경제 제재를 받게 될 거야.

그동안 북한은 국제사회에서 문제를 많이 일으켰으니 제재를 받지만 우리는 그렇지 않을 거라고 생각할 수도 있어. 하지만 그건 너무 순진한 생각이야. 한국과 최우방국인 미국은 북한의 핵무장을 가장 싫어하지만 그렇다고 해서 한국의 핵무장을 좋아하는 것도 아니야. 애당초 미국은 P5 외에 그 어떤 나라도 핵무기를 보유하는 걸 싫어하니까. 이런 상황에서 한국이 핵무장을 한다면 무엇보다 우리의 안전을 보장하는 든든한 방패인 한미동맹의 뿌리가 흔들릴 수 있어.

또 한국은 자급자족이 거의 불가능한 무역국이야. 한국은 다른 나라보다 유난히 식량 자급률*이 낮고 석유를 비롯한 화석 에너지 역시 거의 대부분 수입해야 해. 물건을 만들어 수출해 먹고살고 해외에서 많은 원자재와 물품들을 수입해 생활하는 나라이지. 만약 핵무장으로 북한이 받는 수준만큼의 경제 제재를 받게 된다면 수출입이 모두 막혀 한국 경제에는 빨간불이 켜지겠지.

한국이 핵무장을 했을 때 또 걱정되는 것으로 '핵 도미노 현상'이 있어. 도미노라는 이름만 들어도 감이 오지 않니? 만약 한국이 핵무기를 보유하면 일본을 포함한 우리 주변의 여러 나라도 핵무기를 보유하려 하겠지. 특히 일본의 핵무장을 걱정하지 않을 수 없어. 중국의 부상으로 아시아에서의 미국의 영향력이 감소하면 미국과 아주 친한 일본은 핵무기 개발을 통해 안보를 유지하려 할 거야. 핵 공격을 당한 적이 있어서 핵 관련 무기라면 민감하게 반응하는 일본이지만, 안보가 우려되는 상황이라면 어쩔 수 없겠지.

여기까지의 이야기를 종합해 보면, 한국의 핵무장론이 얼마나 허황되고 말이 안 되는 이야기인지 파악할 수 있을 거야. 2017년 문재인 정부가 들어서면서, 한반도 문제는 이전처럼 미국이나 러시아, 중국을 비롯한 강대국이 아니라 당사자인 한국과 북한이 주도해야 한다는 한반도 운전자론을 대북정책으로 채택했어. 길을 잘 아는 사람이 운전을 해야 한다는 의미로 한반도의 주인인 우리가 북핵 문제를 주도적이고

● 한 나라의 전체 식량 소비량 중 국내에서 생산 및 조달되는 비율을 말해. 우리나라는 쌀만 자급이 가능할 뿐 다른 곡물들의 자급은 거의 불가능해서 대부분을 수입에 의존하지.

평화적으로 해결하겠다는 의견을 표방했지.

　중요한 것은, 어디로 튈지 모르는 북한이 핵무기를 가졌으니 우리도 가져야 한다는 게 아니라, **어느 누구도 가져서는 안 된다**는 거야. 한국은 1980년대를 기점으로 눈부신 경제발전을 이뤄 내 현재는 북한을 완전히 따돌렸어. 이에 따라 국방비도 증액되고 국방력도 빠르게 강화되었지. 반면 북한은 사회주의 체제의 모순 등으로 인해 발전은커녕 쇠퇴의 길을 밟았어. 게다가 1990년대 이후 소련을 비롯한 사회주의 국가들의 체제 붕괴 이후 외교적으로도 철저히 고립되었지. 때문에 북한이 핵무기를 개발한 것은 경제적, 외교적, 군사적 열세에 놓인 불리한 상황을 타개하기 위한 고육지책이기에 우리가 따를 방안은 아니야.

　현대의 전쟁은 옛날처럼 전선에서 군인들만의 전투로 이루어지는 게 아니라, 후방의 민간인들도 물자 생산에 투입되고 때로는 피해도 입는 총력전의 양상으로 흐르고 있어. 때문에

전쟁은 발발하기만 해도 승패는 큰 의미가 없고 모두가 비극적인 불행을 맞이하기에 절대 일어나서는 안 되지.

한국은 이제 외부의 도움 없이도 북한을 상대로 승리할 만큼의 군사력을 확보했어. 파괴력 중심으로 군사력 순위를 매기는 GFP 기준에 의하면 우리나라는 2020년 여섯 번째로 강력한 군사력을 보유했다고 해. 또 2020년 발표된 뉴스 앤 월드 리포트(News and World Report)에 따르면 세계에서 아홉 번째로 많은 국방비를 지출하고 있어. 뿐만 아니라 세계 최강 미국과 동맹관계이니 한국의 점령을 목표로 제2의 6.25전쟁이 일어날 가능성은 거의 없겠지. 따라서 우리도 굳이 눈에는 눈, 이에는 이라는 논리로 핵무기를 보유해야 할 필요는 없어.

5

핵무기 폐기,
평화를 위한
첫걸음

지금까지 이야기했던 것들 중에서
어떤 게 제일 이해하기 힘들었니?
아마도 핵무기 개발 이후 80년 동
안 이어 온, 강력한 위협으로 평화
를 보장한다는 것이 불가능하다는 것 아니었을까? 맨해튼 프
로젝트의 책임자 오펜하이머는 핵무기 개발이 전쟁을 끝내고
평화를 되찾기 위한 일이라고 생각했지만 히로시마와 나가사
키에 원자폭탄이 투하되어 많은 이가 목숨을 잃었다는 이야
기를 듣고 오랜 시간 죄책감에 시달렸어. 사실 그는 엄청난
위력을 가진 핵무기를 보유함으로써 생기는 공멸이라는 공포

는, 전쟁의 개념을 완전히 뒤바꿔서 어느 누구도 함부로 전쟁을 일으키지 않을 거라고 생각했지. 미국도 같은 이유로 맨해튼 프로젝트의 비밀 정보를 연합국인 소련에 제공해 주기도 했어.

제2차 세계대전이 끝난 직후에는 이런 식으로 핵무기가 확산될수록 평화가 가능하다는 주장이 늘었지. 그래서 너도나도 핵무기를 만들고 가능하면 더 많은 핵무기를 확보하려 했던 거야. 내가 핵무기를 가지면 다른 나라가 보복을 두려워해서 함부로 나를 공격하지 못할 것이고, 이로 인해 국가의 안전이 보장될 거라고 생각한 거지.

사실 로마의 군사학자 베게티우스의 "평화를 원한다면 전쟁을 준비하라"는 격언처럼 기존의 관점은 늘 전쟁을 준비해야 하는 거였어. 모든 나라가 무기를 내려놓는다면 더할 나위 없이 좋겠지만, 현실은 전혀 그렇지 않으니까. 다들 무장하는데 나 혼자만 무기를 폐기한다면 적이 쳐들어올 때 나의 생명과 재산을 지킬 수 없으니까. 여기서도 또 현실주의자가 생각나지 않니? 이들은 군비 경쟁이 곧 안보를 가져온다며 경쟁이 일정 수준에 도달하면 힘의 균형이 생겨 침략이 어려워질 거라고 봐. 이른바 '힘을 통한 평화'가 바로 이것이지.

핵무기 보유를 주장하는 사람의 생각도 비슷해. 모두가 핵무기를 가지면 어느 누구도 함부로 전쟁을 일으키지 못해 결국 평화가 보장된다는 의미야. 얼핏 들으면 잘 이해되지 않겠지만, 인간은 미래를 내다보면서 생각하고 행동하잖아? 내가 선제공격해도 적의 반격으로 나의 생명과 재산에 위협이 된다면 공격하지 않을 거라는 믿음이 생긴다는 거지.

그런데 핵무기를 통한 힘의 균형은 재래식 무기와는 다르게 나타나. 재래식 무기는 그 수가 정비례할수록 군사력도 강해지는 데 비해 핵무기는 적게 보유한 나라라도 많이 보유한 나라와 대등할 수 있지. 핵무기 하나의 위력의 워낙 강해서 상식을 초월하는 다른 의미의 세력 균형이 이루어지는 거야.

핵무기는 많이 보유한 쪽이 그렇지 않은 쪽에 비해 우위에 있다는 상식을 파괴하기 때문에 아무도 선제공격을 시도하지 않을 거고 이로 인해 평화가 가능하다는 거지. 그래서 어떤 국제정치학자는 전 세계 국가가 핵무기를 보유하면 오히려 전쟁을 막을 수 있다는 극단적인 주장을 하기도 해.

핵무기가 국제정치 무대에서 평화를 가져온다고 생각하는 또 다른 이유로는 제2차 세계대전을 끝낸 1등공신이 히로시마와 나가사키에 떨어진 원자폭탄이기 때문일지도 몰라. 미드웨이 해전 이후 전황이 미국에게 유리하게 전개되기 시작하고, 과달카날 전투, 레이테만 해전, 도쿄 대공습 등을 거치며 일본은 패망 직전에 몰렸어. 그럼에도 항복 의사를 내비치지 않자 미국은 원자폭탄을 사용했고 그제야 일본은 항복 문서에 서명했지. 이 때문에 미국을 비롯한 연합국 수뇌부들은 핵무기가 전쟁을 끝내고 평화를 가져왔다고 생각한 거야.

그런데 이러한 주장이 정말로 현실성이 있을까? 재래식 무기를 사용한 전쟁에 비해 핵무기를 사용한 전쟁은 보복으로 인한 피해가 훨씬 크고, 핵무기는 지역이나 국가를 넘어 지구의 종말까지 불러일으킬 수 있기 때문에 핵전쟁이 재래식 전쟁에 비해 일어나기 어려운 건 사실이야. 그러나 그렇다고 해서 모든 나라가 정말로 핵무기를 가지는 게 정당할까? 상대가 핵무기를 사용하지 않는다는 보장이 있는 것도 아닌데 믿을 수 있을까? 바로 여기서 믿음의 대상이 내가 아닌 적국이라는 점이 불안을 가져오지.

사실 이런 불신을 키우는 것은 새롭게 등장한 핵무기 보유국이야. 국제사회가 인정한 다섯 나라들은 그래도 긴 세월 동안 서로 절제하고 어느 정도 선을 지켜 온 역사가 있어. 또한 국제사회의 지도자를 자처하며 충동적으로 행동하지 않을 거라는 최소한의 믿음이 있었고 그것이 잘 지켜져 왔지. 그런데 새롭게 핵무기를 개발하고 보유한 나라들은 아무래도 다섯 나라에 비하면 우발적 핵무기 사용 가능성이 상대적으로 더 높단 말이야. IAEA나 NPT라는 국제기구에 속하지도 않기 때문에 통제가 더욱 어렵다는 단점도 있고.

우발적 역전평의 위협

핵무기 전문가들은 이에 따라 핵무기 개발 이후의 핵시대를 두 개로 나누어 구분해. 첫 번째 시대는 제2차 세계대전 이후부터 소련 붕괴 (1945~1991년)까지야. 우리가 보통 냉전이라고 부르는 때와 비슷하지. 이때에는 핵무기 기술 개발 경쟁이 있었지만, 전

세계가 미국과 소련이라는 두 강대국을 중심으로 나뉘어 있었고, 두 강대국의 말에 따라 안정적인 공포의 균형을 이뤄 왔다고 할 수 있지. 두 나라는 서로를 적대했지만 핵무기를 잘못 다루었을 때의 위력을 잘 알고 있었기 때문에 여러 면에서 신중함을 보여 왔어. 몇 차례의 위기가 있었지만 그래도 잘 대처했고 재앙이라고 할 만한 상황까지는 가지 않았지.

하지만 소련 붕괴 이후부터 현재까지인 두 번째 시대는, 새롭게 핵무기를 보유한 나라가 등장하고 미국의 주요 경쟁국은 소련에서 중국으로 바뀌었지. 강대국끼리의 핵무기를 동원한 충돌은 여전히 가능성이 낮지만 북한이나 이란을 비롯한 비정상국가나 비국가적 행위자들에 의해 핵무기가 탈취될 수 있어서 큰 걱정을 낳고 있는 때야.

영화나 게임, 소설 등에서 정부가 관리하던 핵무기를 반란군이나 제3의 집단 등이 탈취해서 정부를 위협하고 핵전쟁이 시작되는 이야기를 본 적이 있을 거야. 허구의 사건이고 실제로 일어날 가능성은 적지만 만약 정말로 일어난다면 어떻겠니? 그러한 말도 안 되는 일은 절대 일어나지 않으리란 보장도 없잖아? 또 컴퓨터가 만능이 아닌 만큼 늘 오류의 가능성도 존재해.

1983년, 소련의 공군 중령 스타니슬라프 페트로프는 벙커에서 당직 근무 중이었어. 자정이 막 지났을 무렵, 벙커 안의 사이렌이 울리며 핵탄두 탑재 가능성이 높은 미사일 다섯 기가 소련을 향해 날아오고 있다는 징후가 포착되자 벙커 안은 대혼란에 빠졌지. 한시가 급했고 즉시 보복 여부를 결정해야 하는 찰나에도 면밀히 상황을 파악한 페트로프는 그것이 컴퓨터의 오류라는 결론을 내 상부에 보고했어. 몇 시간 뒤, 구름에 반사된 햇빛을 컴퓨터가 미사일의 섬광으로 잘못 인식해 일어난 일이라는 점이 밝혀졌고 인류는 이렇게 핵전쟁의 위협에서 벗어날 수 있었지.

2018년, 하와이 주민들과 관광객들에게 문자 한 통이 발송됐어. 탄도 미사일이 하와이를 향해 오니 즉시 대피하라는 문자였지. 훈련이 아니라는 말도 덧붙여서 말이야. 평화롭던 해변은 일대 혼란으로 아수라장이 됐고 사람들은 모두 불안에 떨어야 했지. 메시지가 실수였다는 내용이 알려지기 전까지 약 40분 동안 하와이 사람들은 핵전쟁 공포에 시달렸어. 미국 클린턴 정부 때 국방부 장관이었던 윌리엄 페리는 이 사건을 두고 "우발적인 핵전쟁은 가설이 아니다. 과거에도 일어났고, 사람은 또다시 실수할 수 있다. 수백만 명이 위험에 처할 때 우리는 실수가 일어나지 않도록 바라는 것 이상의 일을 해야 한다"고 트위터에 글을 남겼어. 이런 사례들은 우리가 가

진 공포의 균형이 얼마나 허술하고 위험한지를 보여 주지. 그러므로 핵무기 보유가 역설적으로 평화를 안겨다 준다는 착각에서 하루빨리 벗어나야 해.

제2차 세계대전을 연합국의 승리로 마무리 지었고 냉전에서도 승리한 미국이 세계 질서를 결정하고 재편하면 모든 문제가 해결될 거라고 생각하는 사람들이 있어. 미국은 평화를 이룩한 선한 나라이고, 미국의 주도로 핵무기가 관리된다면 다른 국가들은 전쟁을 일으키지 못할 거고, 결국 평화가 이어질 거라는 생각 말이야. 하지만 미국이 신도 아닌데 어떻게 항상 옳을 수 있을까? 미국도 얼마든지 실수하는 나라야.

핵무기는 결코 미국만의 것이 아니야. 이후 수많은 나라가 핵무기를 개발하거나 개발하려 했고, 핵무기의 존재와 상관없이 전쟁은 늘 계속되어 왔지. 때문에 핵무기가 전쟁을 멈추는 평화의 도구가 될 수 있다는 억지 주장은 결국 핵무기를 개발하고, 그것을 사용함으로써 생기는 수많은 인명 피해나 방사능 문제 같은 2차 피해에 대한 책임과 비난을 피하게 위해서, 또 핵무기에 대한 막중한 책임을 깨닫지 못해서라고 생각해. **핵무기는 결국 사라져야 할 나쁜 무기**이며 핵무기를 껴안고서 평화를 이야기한다는 것은 불가능해.

핵무기의
수평적·수직적 확산

제2차 세계대전이 끝난 뒤 핵무기의 가공할 만한 위력을 목도한 강대국들은, 자신들만이 저런 무기를 가져서 안보를 확보하고 다른 나라가 손대서는 안 된다고 생각했어. 그런데 미국과 소련을 중심으로 한 냉전 시기에는 핵무기 경쟁이 심해지고 숫자도 점점 늘어났어. 뭔가 이상하지 않니? 아까 핵무기를 보유하면 평화가 가능하다는 사람의 생각과는 전혀 다른 현상이 나타나잖아. 왜 경쟁이 더 심해졌을까? 그건 핵무기 확산의 개념이 달라졌기 때문이야.

'핵무기 확산'이란 말 그대로 핵무기가 늘어나는 것을 말해. 그런데 이 확산은 수평적 확산과 수직적 확산으로 나뉘어. 먼저 수평적 확산은 핵무기를 보유한 국가의 숫자가 늘어나는 것을 가리킬 때 쓰는 말이야. 핵무기를 단 한 개라도 보유한 나라가 늘어나면 수평적 확산이 이어진다는 뜻이지, 반면 수직적 확산은 한 나라가 보유한 핵무기의 숫자가 늘어나는 것을 말해. 핵무기 100개를 보유했던 나라가 이제 1000개를 보유한다면 수직적 확산이 일어났다고 하는 거야.

과거를 돌이켜 보면 인류는 핵무기의 수평적 확산을 막는 데 성공했다고 할 수 있어. 미국의 제35대 대통령 존 F. 케

네디는 1963년 연설에서 1970년대에 이르면 25개국이 핵무기를 보유할 거라고 말했고 한 핵전문가는 2000년에 이르면 100개국이 핵무기를 보유할 거라고 예상했지만, 현재 핵무기를 보유한 나라는 9개국에 불과하지. 핵무기 기술이 개발된 지 80년 정도 지났음을 생각해 보면 놀랄 만한 일이야.

그러나 수직적 확산은 기대에 비해 통제에 성공하지 못했어. 냉전 시기였던 1980년대 중반 전 세계가 보유한 핵무기의 숫자는 7만 개가 넘어갔던 적도 있으니까. 물론 소련 붕괴 이후 핵무기 숫자는 빠르게 줄어들었지만 G2라고 불리는 미국과 중국의 갈등이 심화되고 미국과 러시아의 갈등도 다시 떠오르면서 국제사회에서 핵무기 경쟁이 반복될 우려가 있는 것도 사실이야. 따라서 미래를 이끌어 갈 너희가 이 사실에 관심을 두고 쭉 지켜봐야 해.

그동안 미국과 러시아는 나름대로 상호 통제 노력을 계속해 왔어. 핵무기 숫자가 너무 많으면 안정감을 느낄 거라는 예상과 달리 오히려 위협감을 더 느낀다고 판단했기 때문이야. 또 숫자가 많으면 관리도 어렵고, 위험한 무기이다 보니 더 높은 수준의 보안이 필요해서 비용 지출이 많아지겠지. 게다가 최근에는 성능 좋은 재래식 무기가 개발되면서 굳이 핵무기를 개발할 필요가 없다는 주장이 힘을 얻었어. 그래서 미국과 소련은 1970년대 초부터 핵무기 감축을 준비했어.

혹시 데탕트(Détente)라는 말을 들어 봤는지 모르겠는데, 프랑스어로 긴장의 완화라는 의미로 쓰이는 말이야. 냉전 시기 경쟁이 심해지다가 잠시나마 긴장이 완화되고 자본주의와 사회주의라는 이념적 대결을 벗어나 평화와 공존을 모색하던 때를 말해. 그렇다고 해서 모든 냉전 체제가 끝난 건 아니고 휴식기를 가졌다고 생각하면 좋을 것 같아. 핵무기도 마찬가지로 완전히 없애거나 개발을 중단한 게 아니라 아니라 동결을 의논한 거야. 1972년과 1979년, 두 차례에 걸친 SALT(전략무기제한협정)로 핵무기 보유의 상한성을 정했는데 이것을 바탕으로 1980년대에 들어서는 동결을 넘어 감축을 논의하기에 이르렀지.

미국과 소련이 본인들이 보유한 핵무기의 수직적 확산 방지와 축소에 노력을 기울였다면, 수평적 확산을 막기 위한 노력도 있었지. 그러나 이 노력은 핵무기의 보유 여부를 직접 조사하거나 통제하기보다 간접적인 방식으로 이루어질 수밖에 없었

어. 검찰이나 경찰이 사건의 용의자를 조사하려면 임의동행을 요구하고, 거부한다면 판사가 배부한 영장이 있어야 조사할 수 있잖아? 그런데 핵무기 개발은 대개 은밀하게 진행되고, 의혹이 있어도 스스로 조사에 응할 리 없겠지. 때문에 국제사회가 핵무기 개발을 하고 있다고 의심받는 나라를 강제로 조사하려면 모든 나라가 동의할 만한 기구에서 발행한 영장 같은 게 있어야 하지만 어떤 국제기구라도 강대국의 입김을 피할 수 없다는 점과, 그로 인해 공신력 있는 결정을 내릴 수 있는 기수는 없다는 점을 생각하면 현실성이 없어. 또 이 문제는 주권침해의 소지가 있기 때문에 국제적인 합의를 이루어 내기는 어려워.

그렇다고 손을 놓아서는 안 돼. 할 수 있는 데까지는 다 해 봐야지. 어떤 방법이 있을까?

원료를 통제하자

핵무기를 개발하려면 원료인 우라늄이나 플루토늄을 정제해야 하는데, 이것을 통제하면 핵무기 개발을 막을 수 있지. 물질에 대한 통제와 감시를 통해 핵확산을 방지하겠다는 것이 지금까지 이야기한 NPT의 창설 목적이야. 또 핵무기를 가지지 못한 나라들은 모든 핵시설에 대해 IAEA의 사찰을 받도

134
135

록 하는 것도 방법이고.

　NPT는 NPT가 창설된 1968년 이전에 이미 핵무기를 보유한 나라인 미국, 소련, 영국, 프랑스, 중국을 합법적인 핵무기 보유국으로 인정하고 사찰(조사하여 살핌)을 면제해 줬어. 이들은 UN 안전보장이사회 상임이사국으로서 UN으로부터 세계

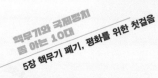

안보에 책임 있는 당사국으로 인정받았다고 할 수 있지. 그러나 완전한 핵무기 감축을 성실히 이행하겠다고 약속한 나라들을 강제할 방법이 없고 핵무기를 폐기 대신 유지하려 한다는 점에서 세계의 비난을 받고 있지.

핵무기 확산 방지를 위한 노력은 대개 핵무기를 보유하지 못한 나라가 보유하려는 것을 방해하는 데 집중되었어. 핵무기를 보유한 나라는 앞으로도 핵무기를 보유하는 게 허용되지만, 뒤늦게 핵무기를 보유하려는 나라는 안 된다는 게 불공평하지 않니? 때문에 NPT는 핵확산방지기구라는 이름 대신 핵차별기구, 불평등기구라는 조롱과 비판을 받지. 그래서 NPT 창설 이후 핵무기를 개발한 인도, 파키스탄, 이스라엘, 북한은 NPT 가입을 거부하거나 탈퇴 후에 보유한 거야. 실

제로 이들 국가는 NPT 가입을 요구받을 때마다 핵무기 보유의 불평등성을 제기하고 자신들의 핵무기 보유를 합리화하려해.

법은 모두에게 공평하다고들 하잖아? 그런데 어느 나라는 NPT 조약을 지켜야 하고, 어느 나라는 연기한다면 조약의 설립 취지에 설득력이 있을까? 다시 말해 NPT 가입국 모두는 핵무기 폐기와 비확산 약속을 동시에 지켜야 하는데 강대국들은 핵무기 폐기 약속을 지키지 않았다는 거지. 이러한 강대국들의 약속 불이행 문제로 국제사회의 비난과 압박이 심해지고 있고 강대국들은 꾸준히 핵무기를 줄이고 있다고 항변하지만, NPT는 결국 '수평적' 핵확산방지기구의 역할만 한다는 한계에서 자유롭지 못한 것 같아.

운송 수단을 통제하자

두 번째 방법은 미사일 통제야. 앞에서 말한 대로 히로시마와 나가사키에 투하된 리틀 보이와 팻 맨은 항공기에 실린 채 공군기지에서 출격해 목표 지점에 접근해서 투하됐어. 하지만 요즘에는 미사일에 핵탄두를 실어 직접 발사하지. 2016년 북한은 인공위성을 탑재한 우주발사체 광명성 4호를 발사했는데, 인공위성 대신 핵탄두를 탑재하면 얼마든지 핵무기가

될 수 있기 때문에 한국을 비롯한 여러 나라가 민감하게 반응했어.

이후 2017년 북한은 화성 14호와 15호 로켓을 연달아 발사하면서 사거리 1만 킬로미터가 넘는 미사일의 개발을 완료했어. 이 미사일들은 북한에서 미국 본토까지 타격할 수 있기 때문에 미국은 좌시할 수 없다며 감시의 눈을 번뜩였어.

이를 생각해 보면 핵무기와 떼려야 뗄 수 없는 존재인 미사일을 통제하면 핵무기 확산을 막을 수 있다는 논리도 성립돼. 그래서 1987년 미국, 프랑스, 영국을 비롯한 7개국이 대량살상무기의 운반수단 확산을 방지한다는 것을 목표로 발사 거리 300킬로미터와 탄도 중량 500킬로그램 이상의 미사일 및 관련 기술을 제3국에 이전하는 것을 금지하는 MTCR(미사일기술통제체제)이 출범했지.

핵실험을 통제하자

혹시 비키니라는 이름을 들어 본 적 있니? 1946년부터 1958년까지 남태평양 마셜제도를 이루는 섬들 중 하나인 비키니섬에서 미국은 원주민을 이주시키고 핵실험을 진행해 왔어. 핵실험이 있은 지 나흘 후 파리 패션쇼에서 신체의 일부만 가리는 파격적인 수영복의 이름이 비키니 수영복이 됐을

1946년 남태평양의 비키니섬에서 세계 최초로 수중 핵실험이 이루어질 때의 장면이야.(출처: 미국 국방부)

정도로 실험의 충격은 어마어마했지.

그런데 이렇게 해저에서 이루어지는 핵실험은 필연적으로 방사능 오염 문제를 일으켜. 실제로 비키니섬에서 핵실험이 있은 지 20년 뒤 원주민들이 섬으로 돌아갔는데, 남아 있는 방사능 때문에 섬에서 다시 나와야 했지. 이후 새롭게 결정된 CTBT(포괄적 핵실험 금지조약)는 지상, 지하, 우주, 해저에서의 핵실험 금지를 추진했지만 미국의 반대로 이루어지지 못했지. 대신 1963년부터 지하 실험을 제외한 나머지 실험을 금지하는 PTBT(부분적 핵실험 금지조약)이 체결됐고 1996년에 다시 CTBT가 선언됐지만 조약의 발효에는 실패했지.

핵실험은 한 번으로 끝나지 않아. 북한도 현재까지 총 여섯

차례에 걸쳐 핵실험을 반복한 끝에야 핵무기를 완성할 수 있었어. 현재는 위성이나 여타의 여러 방법을 동원해 다른 나라에서도 핵실험을 확인할 수 있으니 핵실험 징조가 나타나면 그 즉시 제제를 가해 핵전력 완성을 견제할 수 있겠지.

아침잠을 깨우는 알람부터 점심시간을 알리는 학교 종소리까지, 우리는 늘 시계로 하루를 시작해 시계로 하루를 마무리해. 그런데 이런 시계와는 조금 다른 '지구종말시계(The Doomsday Clock)'라는 게 있어. 둠스데이, 다시 말해 인류에 대한 심판을 뜻하는 종교 용어를 차용해 만든 용어로 파멸의 날을 가리키는 시계야.

1947년, 핵 과학자들은 핵무기로 인한 지구 종말 위협을 경고하기 위해 시계를 만들었지. 이 시계가 12시 정각을 가리키면 인류는 종말에 가까워지는 것을 의미하는데, 2020년 현재 23시 58분 20초를 가리키고 있어. 이를 제외하고 역사상 시계가 12시에 가장 가까웠을 때는 1953년 소련이 수소폭탄 실험에 성공했을 때인데 23시 58분을 가리켰다고 해.

미국과 중국의 패권 갈등, 미국과 러시아의 핵무기 경쟁 부

IT IS 100 SECONDS
TO MIDNIGHT

활 등으로 그 어느 때보다 핵전쟁 발발에 대한 걱정이 많아. 북한의 핵개발 등으로 한국도 핵전쟁의 걱정을 안게 됐고. 사실 냉전 시기에 제3차 세계대전은 핵전쟁일 것이라는 우려가 대단했어. 우리가 현재 그런 공포를 제대로 느끼지 못하는 것은 아마도 그런 공포에 너무나 많이 노출된 나머지 익숙해졌기 때문이 아닐까? 핵전쟁의 위협은 늘 있었고 우리를 위협했어.

1983년, 햇빛을 미사일 발사 섬광으로 착각한 컴퓨터와 달리 페트로프의 냉정하고 침착한 판단이 아니었다면 핵전쟁이 일어나 부모님과 조부모님이 모두 돌아가셨을 수도 있고 그 결과 너희도 이 세상에 없었을지 몰라. 또 그 이전인 1962년 쿠바 핵 위기* 사태 때도 핵전쟁 위기가 있었지. 만약 현재 시점에서 세계 핵무기의 90퍼센트를 보유한 미국과 러시아가 핵전쟁을 벌인다면 이틀도 안 돼서 지구는 쑥대밭이 될 거야.

냉전이 끝나던 때를 기점으로 미국과 소련은 핵무기를 줄이기 위한 작업을 시작했어. 2009년 체코 프라하에서 미국과

● 소련이 미국과 가까운 쿠바에 미사일 기지를 건설하려고 했던 사건으로, 핵 공격 위협이 극도로 높아져서 냉전의 절정이라고도 평가돼.

러시아가 핵무기 감축에 동의하는 조약을 체결했고 오바마 대통령은 핵안보정상회의를 제안해 '핵무기 없는 세상'을 만들자고 주장했지. 이러한 노력이 성과를 보여 핵무기 숫자가 조금씩 감소하고 있지만, 근본적으로 핵무기를 규제할 수 있느냐는 질문이 드는 건 사실이야. 국제정치는 힘의 논리에 따라 이루어진다는 현실을 생각하면 핵무기를 확보하려는 유혹에 흔들리지 않는다는 보장은 없고, 미국과 중국, 미국과 러시아의 갈등이 심해지면서 핵무기 경쟁이 부활할 조짐을 보이는 것도 사실이니까.

핵전쟁을 완전히 없앨 수 있을까? 또 핵무기도 모두 폐기할 수 있을까? 대답하기 참 어려운 질문이야. 그러나 여러 국가가 협력해서 핵전쟁을 막으려 하고 다양한 장치를 도입하는 것을 보면 아직 희망은 있다고 할 수 있겠지. 2017년 7월 7일 열린 유엔총회에서는 오스트리아, 브라질, 멕시코, 남아프리카공화국, 뉴질랜드, 스웨덴, 코스타리카 등이 주도하여 핵무기의 전면 폐기와 개발 금지를 목표로 하는 '핵무기 금지협약'이 채택됐어. 비록 핵무기를 보유한 9개국이 참여하지는 않았지만 122개국이 채택하는 등 '핵 없는 세상'으로 가기 위한 첫 번째 씨앗을 뿌린 거야. '비핵지대'라는 좋은 대안도 있어. 2020년 현재 전 세계적으로 비핵지대는 여섯 곳이며 116개

국이 속해 있는데, 지구 면적의 절반 이상이 비핵지대야. 유엔 문서에도 비핵지대가 무엇인지 가이드라인이 있지. 비핵지대 내에는 핵무기가 당연히 없어야 하고, 개발, 제조, 실험, 배치, 반입할 수도 없어.

2001년 일어난 9.11 테러 이후 한 달 뒤 미국의 부시 대통령은, 9.11 테러를 일으킨 알카에다 집단이 러시아에서 핵무기를 훔쳐 뉴욕 어딘가에 숨겨 두었다는 보고를 받고 놀라지 않을 수 없었어. 조사 결과 그 보고는 사실이 아니었지만 그때까지 단 한 번도 본토에 대한 직접적인 공격은 받아 본 적 없는 미국에 9.11 테러라는 사건이 일어났으니 핵무기 탈취라는 말도 안 되는 일이 일어날 수도 있다고 생각한 거지. 테러 집단이 직접 핵무기를 만들지는 못하더라도 핵무기를 구입할 돈은 마련할 수 있잖아. 특히 ISIL[●]처럼 잔인하고 흉폭한 집단은 자살테러도 자주 일으키는데 핵무기를 손에 넣는다면? 상상도 하기 힘든 일이 일어날 거야.

● 이라크 레반트 이슬람 국가(Islamic State of Iraq and the Levant)로 이슬람 근본주의를 표방하는 테러 단체야. 전 세계가 이슬람 질서를 따라야 하고 거부하면 사살하는 잔혹함으로 국제 사회의 반감을 사고 있어.

기존의 핵무기 보유국들의 움직임도 예의주시해야 해. 지금까지 만들어진 핵무기는 작은 나라 하나쯤은 충분히 파괴할 만한 위력을 가진 것들이 대부분이야. 그러나 이러한 핵무기는 사용 후 방사능 문제나 핵먼지로 인한 핵겨울 등 공멸의 위험을 안고 있잖아. 그래서 핵무기를 국가가 아니라 도시 정도만 날려 버릴 파괴력만으로 만든다면 손쉽게 적의 항복을 받아 낼 수 있다고 생각해. 때문에 우리가 갖고 다니는 배낭 정도의 크기인 핵무기도 만들고 단거리 미사일이나 대포로 날려 보낼 수 있는 핵무기를 만들었지만, 이런 작은 규모의 핵무기라도 언제든 보복의 위험이 있고 작은 핵전쟁은 곧 커다란 핵전쟁으로 확전될 수 있기 때문에 이것 역시 대단히 위험한 생각이야.

2020년 미국과 독일 등 여러 기관이 공동으로 참여해 발표한 논문은 인도와 파키스탄이 핵전쟁을 벌이면 그 피해는 두 나라에 그치지 않고 전 세계로 확산될 거라고 경고했어. 핵전쟁은 핵겨울을 만들어 일조량과 강수량이 감소하고 기온이 떨어져 향후 10년간 인류는 식량난에 허덕일 거라고 했지. 또 기후 변화나 거대한 화산 폭발, 지진 피해보다 수백 배 큰 피해가 발생할 거라고 내다봤어.

전쟁은 그 규모에 상관없이 일어나서는 안 되지만, 특히 핵

전쟁은 인류에게 종말을 가져올 것이기 때문에 더더욱 일어나서는 안 돼. 따라서 핵무기를 통한 평화라는 모순된 말은 평화를 이루기 위해 전쟁을 한다는 말 이상으로 받아들일 수 없어. 칼은 요리사가 잡으면 음식을 만드는 조리도구이지만 살인자가 잡으면 흉기가 되지? 그런데 아무리 베테랑 요리사라고 해도 손을 베일 수 있는 것처럼, 핵무기에도 오류가 생길 수 있는데 핵무기는 그 특성상 사소한 오류에도 그 피해는 헤아릴 수 없을 만큼 위력적이잖아. 따라서 핵무기를 다룰 때는 만에 하나라도 실수하는 날에는 수백, 수천을 넘어 수억 명의 목숨을 앗아 갈 수 있다는 사실을 명심해야 해. 핵무기로 안보를 지키겠다는 생각이나 평화를 지킬 수 있다는 생각은 그야말로 외줄 타기 같은 위험하고 잘못된 생각이야.

지금까지 핵무기에 대해 이야기를 해 봤는데, 너무 핵무기의 안 좋은 면만 지적한 건 아닐까 싶어. 핵무기가 우리에게 좋은 점을 가져다주진 않을까? 핵무기는 여러 단점도 많지만 그래도 단점을 상쇄할 만한 장점은 없을까? 핵무기는 필요악이지 않을까? 이런 의문이 들겠지만, 그래도 나는 핵무기를 필요악도 아닌 **절대악**이라고 생각해. 본문에서도 이야기했지만, 착한 핵을 주장하는 근거는 6년을 끌던 제2차 세계대전을 일거에 끝냈기 때문이지. 영국의 처칠 수상은 자신의 책 《제2차 세계대전》에서 다음과 같이 말했어.

> 자비롭게도 극동에서의 학살을 단축하고 유럽의 미래를 대단히 낙관할 수 있게 하는 수단을 느닷없이 얻게 된 것 같았다. 협상 테이블에서는 만장일치로, 자동으로, 추호의 의심도 없이 합의가 이루어졌다. 나는 원자폭탄을 투하하지 말아야 한다는 한마디의 제안도 듣지 못했다.

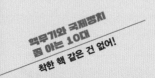

이것만 봐도 당시 분위기가 얼마나 핵무기를 긍정했는지 알 수 있지? 물론 당시 일본은 도쿄 대공습 이후에도 이오지마 전투나 오키나와 전투에서 격렬히 저항하는 등 항복 기미가 보이지 않았고 미국은 이 때문에 어쩔 수 없이 핵무기를 투하했다고 주장해. 그러나 구레 군항 공습으로 일본 해군은 거의 전멸에 이르렀고 만주에서 소련군의 참전이 예정되었던 것을 살펴보면 이미 전세는 일본에게 크게 불리해졌는데 굳이 핵무기를 투하할 필요가 있었는지 의문이야.

현대로 넘어오면 미국과 북한, 또는 이란이 서로를 향해 으르렁대는데 미국은 착한 핵무기를 보유했고 북한이나 이란은 악한 핵을 보유했다고 할 수 있을까? 미국은 늘 자기들이 세계의 질서를 정하고 평화를 지키고 정의를 수호하는 경찰로서 선한 패권을 쥐고 있다고 주장해. 아주 틀린 말은 아니지만, 미국의 판단이 늘 옳았던 것도 아니고 전쟁에서 미국의 잘못으로 인해 발생한 피해도 적지 않단 말이야.

미국은 자국의 이익을 위해 독재자들을 도왔고 베트남전쟁 같은 명분도, 실리도 없는 전쟁으로 수많은 사람의 목숨을 앗아 갔어. 이런 것을 감안하면, 미국도 얼마든지 오판을 저지를 수 있기 때문에 미국이 모든 것을 결정하고 정리하는 핵무기 세계 질서는 없어져야 하지.

2015년, 오바마 정부는 B61-12라는 이름의 핵무기를 만들어 냈어. 스마트 원자폭탄이라고도 하는데 폭탄에 눈과 머리가 달린 것처럼 스스로 고도와 위치를 조정해 가며 목표물을 향해 날아가 타격하는 소형 핵폭탄이라고 생각하면 돼. 북한이 은밀히 숨겨 놓은 핵시설이나 핵무기 보유 창고들을 정확히 타격할 수 있는 장점이 있지. 실험이 끝난 뒤 오바마 정부는 적국이 함부로 전쟁을 일으키지 못하도록 타격 범위를 좁히고 첨단기술을 장착했기 때문에 이 폭탄을 두고 착한 핵무기라고 불렀어.

그런데 정말로 착하다고 할 수 있을까? 전쟁은 필연적으로 민간인의 피해를 낳는다고 했지? 첨단기술 덕분에 목표 대상이 민간인이 아닌 군인과 군대로만 한정된다는 점에서 재래식 무기보다 핵무기가 낫다고 할 수 있지만, 민간인의 피해가 전혀 없을 수는 없기 때문에 착하다고 할 수는 없지. 게다가 이전에 비해 성능이 개량되었고 민간인의 피해가 없다고 확신하기 때문에 선제공격의 유혹에 더 빠지게 될 게 분명하지. 또한 이러한 무기의 등장은 반드시 미국과 경쟁하는 중국과 리시아의 군비 증강을 부추기고 냉전 시대의 군비 경쟁이 다시 재현될지도 몰라.

앞서 말했듯이 미국은 2009년 체코 프라하에서 핵무기 없

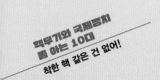

는 세상을 천명했지만 한편으로는 향후 30년 동안 1조 달러를 들여 핵무기를 현대화하는 작업을 진행하겠다는 모순적인 행보를 보였어. 이런 이중적인 태도 때문에 미국이라는 나라에, 그것도 미국이 가진 핵무기에 세계가 평화를 맡기기 어렵다는 거야.

역사에 기록된 거의 모든 전쟁이 각자의 논리와 명분을 내세우며 시작했다고 하지만, 그리고 침략에 맞서 어쩔 수 없이 전쟁을 하게 됐다고 하지만 그래도 착한 전쟁 같은 건 없어. 적어도 전쟁터에서 죽어 가는 사람들이나 그들의 가족, 후방에서 늘 불안에 떠는 사람들에게는 어떤 전쟁이든 착한 게 아니야. 마찬가지로 착한 무기, 착한 핵무기 역시 없다고 생각해. 핵무기가 전쟁을 막고 평화를 가져다준다는 모순을 극복하고, 여전히 전쟁을 반복하는 인간의 손에 들린 위험한 무기일 뿐이라는 사실을 깨닫기 바라.

사회
쫌 아는
십 대
09

초판 **1쇄** 발행 2020년 9월 10일
초판 **4쇄** 발행 2024년 5월 24일

지은이 김준형
그린이 방상호
펴낸이 홍석
이사 홍성우
인문편집부장 박월
편집 박주혜·조준태
디자인 방상호
마케팅 이송희·김민경
제작 홍보람
관리 최우리·정원경·조영행

펴낸곳 도서출판 풀빛
등록 1979년 3월 6일 제2021-000055호
주소 07547 서울특별시 강서구 양천로 583 우림블루나인 A동 21층 2110호
전화 02-363-5995(영업), 02-364-0844(편집)
팩스 070-4275-0445
홈페이지 www.pulbit.co.kr
전자우편 inmun@pulbit.co.kr

ISBN 979-11-6172-775-2 44340
　　　　979-11-6172-731-8 44080 (세트)

이 책의 국립중앙도서관 출판시도서목록(CIP)은 서지정보유통지원시스템
홈페이지(seoji.nl.go.kr)와 국가자료공동목록시스템(www.nl.go.kr/kolisnet)에서
이용하실 수 있습니다.(CIP제어번호 : CIP2020034165)